Klaus Schwarzfischer

WAIDLER WÖLFE Sensationen

Eine Expedition in den Bayerischen Wald

Volk Verlag München

Alle Fotos: Klaus Schwarzfischer
Karte: www.bayernatlas.de (Lizenz CC BY-ND 3.0 DE)

Die Deutsche Bibliothek verzeichnet diese Publikation in der Deutschen Nationalbibliografie; detaillierte bibliografische Daten sind im Internet über http: //dnb. ddb. de abrufbar.

Neumarkter Straße 23; 81673 München
Tel. 089 / 420 79 69 80; Fax: 089 / 420 79 69 86
Druck: Pustet, Regensburg
Titelbild: Volk Agentur+Verlag
Bei der Produktion dieses Titels wurde auf umwelt-, wasser- und gesundheitsgefährdende Chemikalien bei den Druckplatten, auf mineralölhaltige bzw. schadstoffreiche Druckfarben sowie auf umwelt-, wasser- und gesundheitsgefährdende Chemikalien bei den Klebe- und Bindestoffen verzichtet.

ISBN 978-386222-440-1
www. volkverlag. de

INHALT

Bayerische Vermessungsverwaltung, Uraufnahme (1869)

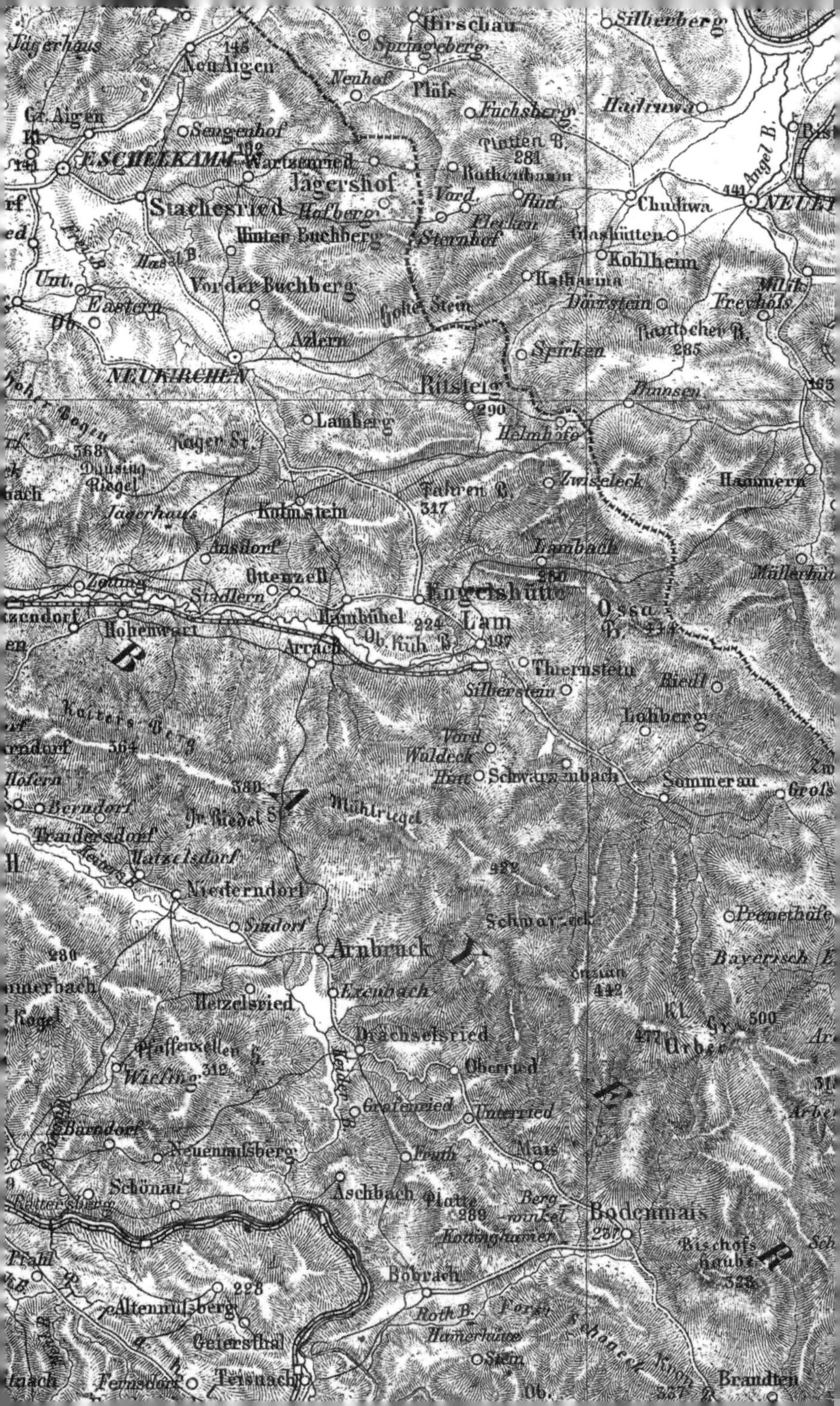
Hirschau
Silberberg
Jägerhaus
Neu Aigen
Springeberg
Neuhof
Plöss
Fuchsberg
Gr. Aigen
Sengenhof
ESCHELKAMM
Wartzenried
Jägershof
Rothenbaum
Platten B.
281
Chudiwa
Stachesried
Hofberg
Glashütten
Kohlheim
Hinter Buchberg
Sternhof
Katharina
Vorder Buchberg
Unt.
Eastern
Ob.
Dürrstein
Freyhöls
Azlern
Spirken
NEUKIRCHEN
Ritsteig
290
Lamberg
Helmhöfe
Zwieseleck
Hammern
368
Riegel
Jägerhaus
Kolmstein
317
Ansdorf
Lambach
Ottenzell
Stadlern
Engelshütte
Lam
Hohenwart
Arrach
Thiernstein
Silberstein
Riedl
Lohberg
Schwarzenbach
Sommerau
Berndorf
Hofern
Gr. Riedel
Mühlriegel
Traidersdorf
Hatzelsdorf
Niederndorf
Sindorf
Schwarzeck
Arnbruck
442
Exenbach
Hetzelsried
Drachselsried
Bayerisch
500
Urber
477
Oberried
Unterried
Wieling
312
Barndorf
Neuenmulsberg
Teuth
Mais
Schönau
Aschbach
Berg
Bodenmais
Bischofs
haube
Bobrach
228
Altennußberg
Geiersthal
Roth B.
Forst
Hamerhütte
Teisnach
Fernsdorf
Stein
Brandten

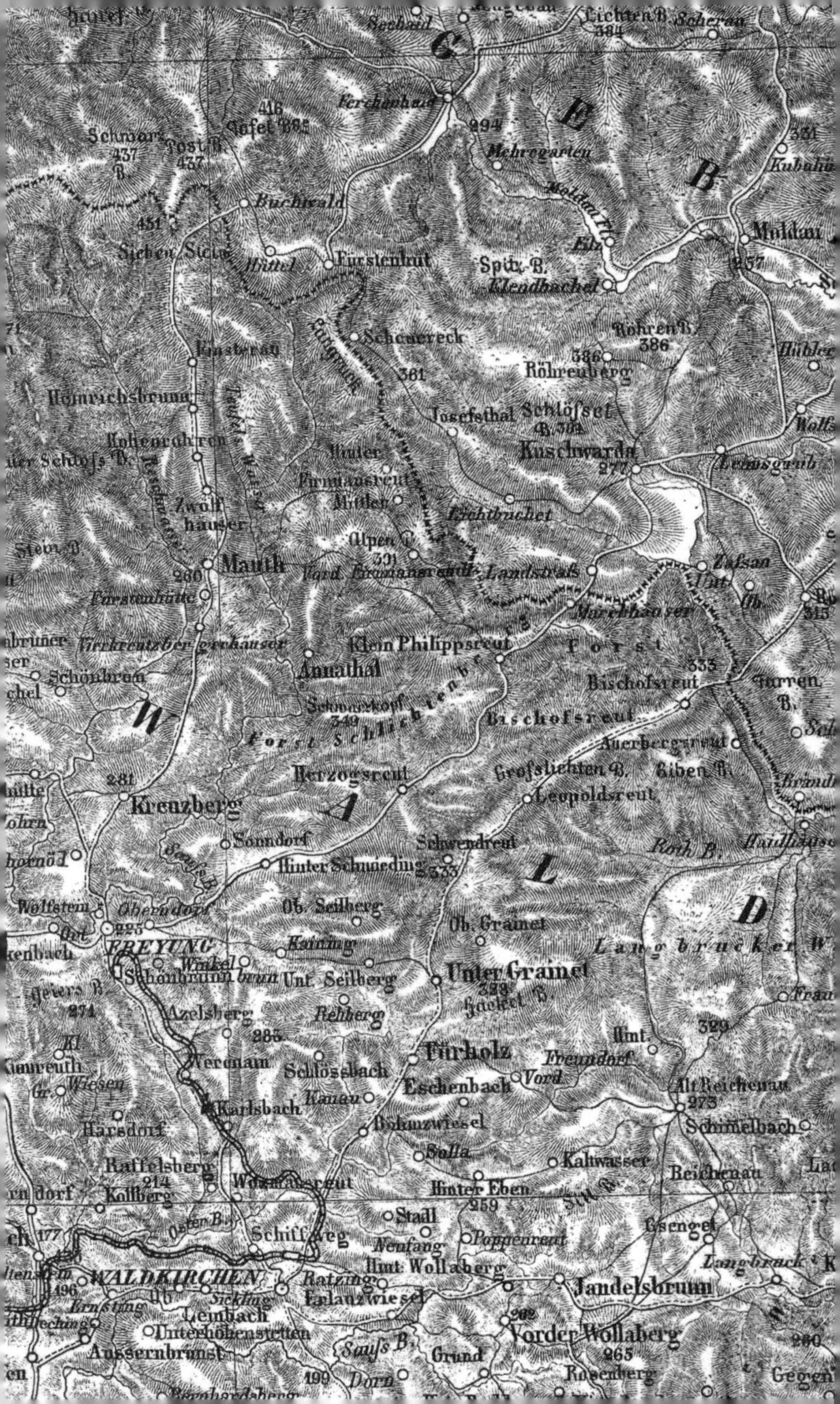

Seehaid
Lichten B.
384
Scheran
Ferchenhaid
416
294
Mehregarten
Schwarz B.
437
Post B.
437
Buchwald
451
Fürstenhut
Spitz B.
Elendbachel
Moldau
257
Schöneneck
361
Röhren B.
386
Röhrenberg
Josefsthal
Kuschwarda
277
Heinrichsbrunn
Mauth
260
Fürstenhütte
Landstrass
Marchhäuser
Klein Philippsreut
Annathal
Schönbrunn
Forst Schlichtenberg
349
Bischofsreut
333
Herzogsreut
Grosslichten B.
Leopoldsreut
Kreuzberg
281
Sonndorf
Schwendreut
Hinter Schmieding
333
Wolfstein
Ort
Oberndorf
225
FREYUNG
Ob. Seilberg
Ob. Grainet
Langbrucker W.
Winkel
Unt. Seilberg
Unter Grainet
323
274
Azelsberg
285
Rehberg
Fürholz
Freundorf
329
Schlössbach
Eschenbach
Alt Reichenau
273
Karlsbach
Kanau
Schimelbach
Harsdorf
Solla
Kaltwasser
Raffelsberg
214
Hinter Eben
259
Reichenau
Kollberg
Stadl
Schiffweg
Neufang
Poppenreut
Gsenget
WALDKIRCHEN
Hint. Wollaberg
Ratzing
Jandelsbrunn
Sickling
Leimbach
Unterhöhenstetten
Ausserbrunst
Vorder Wollaberg
265
Grund
Rosenberg
Dorn
199

DICHTUNG UND WAHRHEIT – ~~EINE ART PROLOG~~

Unter einer Illusion verstehen der Fachmann und seine Frau eine Sinnestäuschung, bei der real Vorhandenes als etwas anderes wahrgenommen wird, als es tatsächlich ist. Halluzinationen dagegen entspringen einer individuellen Wahrnehmung, für die weder Reizquellen noch Sinneseindrücke zwingend nötig sind. Sieht jemand einen Dackel und hält ihn für einen Grizzly, handelt es sich um eine Illusion. Ohne Dackel wäre der Bär eine Halluzination.

Der Wahn stellt, im Gegensatz zu Illusion und Halluzination, keine Wahrnehmung, sondern eine Fehlbeurteilung der Realität dar: Die fixe Idee zum Beispiel, dass alle Dackel in Wahrheit ganzkörperbehaarte Top-Spione sind, die der Mossad geschickt hat, um die Wahlen zu Germany's Next Topmodel zu manipulieren.

Persönliche Wahrnehmung und Beurteilung sind folglich ungeeignete Methoden, der Wahrheit auf den Grund zu gehen. Sie bilden keine ergebnisrelevante Grundlage für die bevorstehende Expedition.

Ähnlich verhält es sich mit Betrachtungen der Vergangenheit. Emil Wilhelm Georg Magnus Kraepelin erwähnte 1886 erstmals den Begriff Erinnerungsverfälschung. Denn Erinnerung fußt auf einem neuronalen Verarbeitungsprozess. Dabei können Fehler auftreten. Dem Gedächtnis können sogar bewusst Falschinformationen eingesetzt werden.

In einem Experiment der Psychologin Elizabeth F. Loftus erinnerten sich 25 % der Probanden daran, dass sie als Kind in einem großen Warenkaufhaus verloren gegangen waren. Keiner von ihnen hatte diese Situation wirklich erlebt. Die falsche Erinnerung war ihnen in Gesprächen eingepflanzt worden. Wie? Um die Lüge herum hatte man viele kleine Wahrheiten (z. B. reale Orte und Namen, welche die Testperson kannte) angeordnet. Damit erhöhte sich die Plausibilität der Geschichte. Und das Plausible steht der Wahrheit sehr nahe. Unser Hirn liebt stimmige Bilder. Es folgert: Wenn viele Kleinigkeiten stimmen, entspricht auch das große Ganze der Wahrheit.

In einem Experiment von Julia Shaw und Stephen Porter aus den Jahren 2013/14 konnten Studenten durch bestimmte Gesprächstechniken dazu gebracht werden, sich an ein eigenhändig in ihrer Kindheit begangenes Verbrechen zu erinnern. 70 % der Studienteilnehmer bekannten sich zu einer Straftat, die sie niemals verbrochen hatten. Auch hier funktionierte der Trick, mit wahren Details eine neue, falsche Erinnerungsrealität zu schaffen.

Werden wir konkret. Denken wir zurück an die eigene Chamer Schulzeit. Zum Beispiel daran, wie der schmalbrüstige Otto seinen Kaugummi in Richtung Mathelehrer schmiss, als der im Begriff war, mit kreischender Kreide eine seiner hochkomplexen Gleichungen an die Tafel zu malen. Der Kaugummi verfehlte den Oberstudienrat nur knapp und blieb an der hochgestellten 2 vom Ypsilon-Quadrat kleben. Wenn ich die tolle Geschichte bei Klassentreffen aufwärme, sage ich natürlich nicht, dass Otto der coole Gummischleuderer war, sondern brüste mich selbst mit der Heldentat. „Erinnert ihr euch noch, wie ich den Riesenkaugummi auf den platterten Strulli, diesen Volldeppen, geworfen habe? Haarscharf am linken Ohr vorbei. Direktoratsverweis. Was, das wisst ihr nicht mehr?"

Beim fünfjährigen Abi-Treffen auf dem Chammünsterer Ödenturm fragte eine ehemalige Mitschülerin nach, ob das mit dem Kaugummi nicht der dürre Otto Landsknecht aus Weiding gewesen sei. „Der hatte doch immer eine Bubblegum-Blase vor seinen schiefen Zähnen."

„Nein, das war ich", fuhr ich der dummen Gans (immer noch dieselbe wie früher) über den Mund und schickte gereizt „Der Landsknecht, das Weichei, hätte sich das nie getraut" hinterher, um ihre und meine Zweifel restlos auszumerzen.

Wer eine Behauptung über die Vergangenheit plausibel und vehement genug aufstellt, schafft Realität. Die alternative Erinnerung wird automatisch zur Wahrheit.

Ich kann den klebrigen Kaugummi quasi heute noch zwischen Daumen und Zeigefinger spüren, erinnere mich daran, wie süßlich er gerochen hat und welche Flugkurve er bis zum Aufklatschen an der Tafel beschrieb. Eine ballistische Meisterleistung meinerseits. Beim zehnjährigen Abi-Treffen landete das Wurfgeschoss nicht mehr an der Tafel, sondern an Strullis kahlem Hinterkopf. „Ihr wart damals total aus dem Häuschen und habt mich mit Standing Ovations gefeiert", stopfte ich die Gedächtnislücken der zum Großteil altersdementen ehemaligen 9b.

Erinnerungen werden umso wahrer, je vorteilhafter man selbst darin wegkommt. Das Negative wird verdrängt, der wahre Kern so lange moduliert, bis er passt.

Fürs Zwanzigjährige hatte sich sogar Otto die Zeit aus den Rippen geschnitten. Nicht einfach für ihn als überregionalen Verkaufsleiter einer renommierten Handelskette, deren Namen er nicht nennen wollte. Otto konnte sich zwar nicht an das spektakuläre Kaugummi-Erlebnis von damals erinnern, klopfte mir aber zum Abschied gönnerisch auf die Schulter und meinte, dass ich schon immer ein toller Hecht gewesen sei. Er stieg in seinen Tesla und rauschte geräuschlos davon. Falls er sich jemals wieder an eine Situation aus unserer ach-so-wilden Schulzeit erinnert, wird es meine Geschichte sein. Ich habe gewonnen.

Was lernen wir daraus? Nichts von dem, was uns Geschichts- und sonstige Schreiber auftischen, muss stimmen. Vieles ist erstunken und erlogen.

Oder drücken wir es diplomatischer aus: Vergangenheit und Gegenwart werden subjektiv verzerrt. Auch Johann Wolfgang von Goethe war sich dessen bewusst. Er nannte seinen Lebensrückblick nicht Autobiografie, sondern wählte den Titel „Dichtung und Wahrheit".

LETZTE TANKSTELLE VOR DEM BAYERISCHEN WALD

Es ist kalt. Schneegestöber. Nicht geräumt. Die Scheibenwischer eingefroren. Das Schild „Letzte Tankstelle vor dem Bayerischen Wald in zwanzig Metern“ schleicht in besorgniserregender Gemächlichkeit an mir vorbei. Ich gehorche und tanke voll. Atme sieben Mal tief durch die Nase ein und durch locker geschlossene Lippen aus. Eine Übung, die mir mein Online-Psychotherapeut zur situativen Stressbewältigung ans Herz gelegt hat. Trommle wuchtig mit den Fäusten gegen die Brust. Es gibt kein Zurück. Wie werden die Ureinwohner auf mich reagieren? Werden sie mich trotz meines aufrechten Gangs als einen der Ihren erkennen? Als Heimkehrer, als verlorenen Sohn. Ein Dutzend Plastiktüten mit Glasperlen aus dem TEDiMarkt liegen im Kofferraum. Nur für den Notfall. Der forschungsreisende Brite Percy Fawcett verschwand 1925 bei einer ähnlichen Expedition spurlos im brasilianischen Dschungel. Menschenfresser.

VOM WOID DAHOAM

Das herzzerreißende und zu Tränen rührende Volkslied „Mia san vom Woid dahoam“ darf als Nationalhymne des Bayerischen Waldes bezeichnet werden. Der niederbayerische Komponist und Liedtexter Ferdinand Neumeier soll es im Jahre 1938 erdichtet haben.

Welcher Gedanke könnte erhebender für den Waidler sein als die Vorstellung, dass ein anderer echter Bayerwäldler nur ganz fest in sein Herz hineinhorchen musste, um den ergreifenden Text und die wundervolle Melodie herauspochen zu hören? Lassen wir ihnen bzw. uns - denn auch ich wurde in diesem herrlichen Landstrich gezeugt, ausgetragen, geboren und aufgezogen - diesen Glauben. Der Glaube ist etwas Schönes, wenn man ihn braucht. Die Menschen hier hatten lange Zeit nicht viel mehr als ihren Glauben, weshalb die Grenzregion zu Tschechien und Österreich als Armenhaus Deutschlands galt. Ihnen blieb keine Wahl: Sie mussten stehlen, lügen, schmuggeln und morden, um über die Runden zu kommen. Vor diesem prekären gesellschaftlichen Hintergrund überrascht es nicht, dass es sich auch bei „Mia san vom Woid dahoam“ um Diebesgut handelt.

Der Originaltext „Im Wald draußt ist's schön“ stammt aus der Feder des Wiener Schrammelmusikers Karl Maria Jäger. Aber wo kein Richter, da kein Henker. Außerdem war Karl Maria bloß ein Österreicher. Und die haben beileibe selbst genug Dreck am Stecken. Die brauchen uns also gar nicht blöd kommen mit Rückforderungen und GEMA-Rechten. Wir lassen ihnen den Gabalier und sie uns den Jäger/Neumeier. Ein guter Deal. Eine Win-win-Situation, wenigstens aus unserer Sicht.

Lehnen wir uns also tiefenentspannt in den Plüsch-Ohrensessel zurück und lauschen wir der Jäger'schen respektive Neumeier'schen Argumentation, warum der Wald schön ist:

Mia san vom Woid dahoam, des kennt a jeder glei,
wann 's von den Bergen hallt, do san ja mia dabei,
und wo des Stutzerl knallt, do san ja mia um d' Weg,
mia san vom Woid dahoam, da Woid is schee.

-

Und unser Haiserl des, konn uns koa Wind verwahn,
weil mia des Schindldoch, mit lauter Stoa eischwarn,
und 's Haiserl steht im Woid, a Steigerl muaßt naufgeh,
mia san vom Woid dahoam, da Woid is schee.

-

Und Dirndln de ma hom, de machan uns so stoiz,
san wia de Tannabam, do drauß im Tannahoiz,
uns schlogt des Herz so laut, sehng mia de Bäumerl steh,
mia san vom Woid dahoam, da Woid is schee.

-

Mia san auf Straubing zua, zwoa lustige Bauernknecht,
weil mia uns eibuid hom, des waar für uns net schlecht,
hot uns net g'foin do drauß, hom müaßn glei hoamgeh,
mia san vom Woid dahoam, da Woid is schee.

Im Bayerischen Wald ist, dem Text zufolge, mit permanenter Lärmbelästigung durch Schusswaffengebrauch zur rechnen. Bei den Behausungen handelt es sich vorwiegend um schwer zugängliche Hangbauten, die zudem so dilettantisch konstruiert sind, dass die Dächer mit Steinen beschwert werden müssen, um nicht beim kleinsten Windhauch verweht zu werden. Die geschlechtsreifen Frauen ähneln Tannenbäumen, weisen demnach stämmige, zylindrische bis konische Form auf. Straubing ist der letzte Dreck.

Liedtexte bilden selten reale Verhältnisse ab. Sie erzeugen ein undifferenziertes Stimmungsbild, das die Hörer in ihren Wünschen und Tagträumen bestätigt. „Mia san vom Woid dahoam“ unterscheidet sich darin nicht wesentlich von Gassenhauern wie „Atemlos durch die Nacht“, bei dessen auditiver Wahrnehmung der frühverrentete Siemensianer sich ausmalt, wie ihm die nicht gerade verhonakelt gebaute Fischer Helene im Infrarot-Dampfbad gegenübersitzt und lüstern „Oho oho, Küsse auf der Haut, so wie ein Liebes-Tattoo, oho oho“ ins Ohr trällert. Oder denken wir dran, wie der Knight Rider Hasselhoff beim Mauerfall „I've been looking for freedom“ geschmettert hat, und die armen DDRler dachten, jeder bekommt neben den 100 Mark Vereinigungsschmerzensgeld noch einen sprechenden Sportflitzer dazu geschenkt. Sogar die Götterfunken-Europahymne des Kreativworkshop-Teams Beethoven-Schiller verspricht uns seit 1785, dass alle Menschen Brüder werden.

Pfeifendeckel. Humbug. Lüge.

Da wir uns im Folgenden der Wahrheitsfindung widmen wollen, wenden wir uns bewusst ab von musikalischen Überhöhungen, Wunsch- und Scheinwelten. Ausschließlich Fakten zählen. Pathos und Patriotismus finden hier keinen Platz. Der verbrämten Geschichtsschreibung schwindsüchtiger Heimatdichter und geldgeiler Fremdenverkehrsämter setze ich akribische Recherche und die untrügliche Urteilskraft eines vielfach für seine neutrale und schonungslose Berichterstattung ausgezeichneten investigativen Autors entgegen.

Doch wo und wann fangen wir an? Nachweislich gibt es den Bayerischen Wald erst seit Mitte des 19. Jahrhunderts.

Das heißt nicht, dass in diesem rund 100 Kilometer langen Streifen an der tschechischen Grenze vorher ein Vakuum herrschte – oder gar ein Nichts.

Die physikalisch-philosophische Debatte, ob ein Vakuum weniger als nichts ist, weil es eine zusätzliche Entleerung des Nichts beschreibt, oder mehr als nichts, weil das Nichts nichts als nichts ist, während ein Vakuum zumindest besteht, wenn auch nur im und aus Nichts, sei hier angerissen, aber nicht weiter ausgebreitet. Es würde ohne Not vom Thema weg und in die Irre führen.

Selbstverständlich gibt es den Wald hier schon seit ewigen Zeiten. Genauer gesagt seit 3 Tagen nach dem Nichts, denn da schuf Gott die Bäume.

Unser Wald hatte lange keinen eigenen Namen. Die Situation war vergleichbar mit jener der Tiere, die Gott 6 Tage nach dem Nichts erschuf. Jahrtausendelang wussten sie nicht, wie sie hießen. Dann, als sie dem Menschen zu nutzen begannen, ihm mit rauer Zunge abgestorbene Hautpartikel von den Schienbeinen leckten, kolumbianische Drogenkuriere überführten und dem verhassten Nachbarn in den Garten kackten, nannte man sie liebevoll Lumpi, Fips, Chérie oder Hasso. Beim Bayerischen Wald klappte es erst sehr spät. Lange musste er sich damit begnügen, ein unspezifischer Teil des Böhmerwaldes zu sein. Erst als die Hochstifte Passau und Regensburg infolge des Reichsdeputationshauptschlusses von 1803 säkularisiert und dem Königreich Baiern zugesprochen wurden, hörte der Wald auf den Namen „Bayerischer".

Hartnäckig halten sich Gerüchte wie jenes, dass die dunklen Wälder ausschließlich von Wölfen, Bären, Hirschen und Auerhähnen, aber nicht von Menschen bevölkert waren, bis im 19. Jahrhundert gelangweilte Sommerfrischler aus den Städten zum Picknicken ins Unterholz einfielen. Der Trugschluss beruht auf dem aus Preußen (alles nördlich von Weiden) stammenden Menschenbild, das optische und phonetische Verhaltensauffälligkeit als Hauptkriterien einer lebenswerten Existenz betrachtet. Der Rheinländer, beispielsweise, setzt sich in seinen Wachphasen hahnenkammartige Kopfbedeckungen auf, zwängt den Kölschranzen in quietschbunte Narrenuniformen und lacht sich über seine eigenen Witze kaputt. Er will gesehen, will beachtet werden, fordert für seine himmelschreiend humorlose Fröhlichkeit Respekt ein. Eine Existenz jenseits visueller und hochdezibeler Selbstdarstellung ist für ihn undenkbar: An den Ufern des Rheins wurden in den letzten drei Jahren über 5.000 stille Menschen bei lebendigem Leibe begraben, weil die Frohsinns-Skala des Ganzjahresjecken keinen Unterschied zwischen Introvertiertheit und Tod kennt.

Der Bayerwäldler ist anders. Er will und muss keinem beweisen, dass er lebt. Er weiß es. Das reicht. Er existiert ohne Publikum, ohne Applaus.

In einer Urkunde des Benediktinerklosters Metten aus dem Jahre 835 wurde die unwirtliche Region unseres heutigen Bayerischen Waldes „Eremus Nortwalt", also menschenleerer Nordwald genannt. Das kann nur daran gelegen haben, dass sich die Mönche die blickdichten Kapuzen ihrer müffelnden Kutten zu weit ins Gesicht gezogen hatten, wenn sie sich beim Spazierengehen das Hirn über den Sinn des Zölibats zermarterten. Oder dass sie unentwegt wie Hansguckindielufte den Himmel nach ihrem Oberchef oder halbnackt auf Wolken harfierenden Engeln ausspähten. Auf jeden Fall müssen sie durch die Gegend gestiefelt sein, ohne je auf den Boden zu schauen. Sonst wären ihnen die mittel- und jungsteinzeitlichen Werkzeuge aufgefallen, die haufenweise herumliegen und davon zeugen, dass der Waidler dort schon vor 5.000 Jahren gehaust haben muss: als Jäger, Fischer, Viehzüchter oder Weidebauer. Wallburgen und Hügelgräber beweisen, dass sich auch die Kelten eine Zeit lang häuslich in der Gegend eingerichtet hatten.

Mit der urkundlich beglaubigten Menschenleere lagen die Mönche folglich ein paar Jahrtausende neben der Wahrheit. Nur weil sie nicht richtig hingesehen hatten. Eine überraschend bestandskräftige Gepflogenheit. Würde in heutiger Zeit jemand, ein Passauer Oberhirte beispielsweise, behaupten, die Dimension des Schäfchenmissbrauchs in seinem Unternehmen wäre ihm neu, könnte er sich auf die kirchliche Wegseh-Tradition der Mettener Mönche berufen. Er könnte seine Lüge „klerikale Brauchtumspflege" nennen und schon wäre alles nicht mehr so schlimm.

Zugutehalten kann man den Benediktinern, dass sie im frühen 11. Jahrhundert ihre Stihl-Kettensägen anschmissen und mit rund 100 Siedlungen die erste Wohnbauoffensive im Bayerwald einleiteten. Später mischten sich auch „Adelsherrschaften" in die Rodungs- und Besiedelungspolitik ein. Das Immobiliengeschäft boomte. Ende des 13. Jahrhunderts konnte man bereits von einem dichten Besiedelungsnetz in den Ebenen und Tallagen sprechen.

Ähnliches spielte sich auf böhmischer Seite ab. Zwischen 1100 und 1350 verengte sich der dicht bewaldete Grenzsaum um die Hälfte auf rund 25 Kilometer. Die „Freyung for Future"-Bewegung entstand: Die mittelalterlichen Umweltaktivisten protestierten wütend gegen die großflächigen Fäll- und Rodungsarbeiten. Sie wurden nicht gehört. Man warf ihnen vor, dass sie nur demonstrierten, um sich der schweren Arbeit auf den Feldern zu entziehen. (Im Rahmen einer intensiven Befragung durch den diensthabenden

Folterknecht der Siedlungsbaubehörde räumte die FfF-Anführerin Gretel T. dies kurz vor ihrem Ableben sogar ein.) Eine exakt definierte Grenzlinie gab es im Mittelalter nicht. Trotzdem warteten auf böhmischer Seite die Choden von Domažlice und auf bayerischer Seite die Künischen Freibauern darauf, den jeweils anderen bei Grenzverletzungen die Schädel einzuschlagen.

Mit den Choden war noch nie zu spaßen. Deshalb rekrutierte König und Kaiser Friedrich Barbarossa die kampfeslustigen Bauern sogar für die Eroberung Mailands im Jahr 1158. Der Erfolg gab ihm Recht. Die Choden wurden (aufgrund ihrer Bissigkeit?) auch Hundsköpfe genannt, trugen selbigen sogar im Wappen, gelten jedoch, entgegen der vielfach fälschlich kolportierten Stammesgeschichte, nicht als direkte Vorfahren der heute an Grenzübergängen kläffenden Vierbeiner. Auch die Künischen, abgeleitet von „Königlichen", waren ihrem König oder Kaiser unterstellt. Neben der Gebietssicherung kümmerten sie sich um die Kultivierung des Walds und übernahmen den Begleitschutz für hochpreisige Warentransporte. Wie die Choden erhielten sie für ihre Verdienste zahlreiche Sonderrechte. Sie waren „robotfrei", also von der Leibeigenschaft befreit, durften Bier brauen, Schnaps brennen, jagen und fischen.

Viele Steige, Pfade und Saumwege zeugen von regen Handelsaktivitäten ab dem 6. Jahrhundert bis in die Blütezeit des 16. Jahrhunderts hinein. Vorwiegend mit Salz, Getreide, Schmalz, Hopfen und Glas. 1526 fielen den Habsburgern die böhmischen Länder zu. Sie wollten dort das „weiße Gold" aus dem Salzkammergut etablieren, belegten das bayerische Salz mit horrenden Einfuhrzöllen und verdrängten es erfolgreich. Ein generelles kaiserliches Einfuhrverbot bedeutete 1706 nicht nur das endgültige Aus für den Salzhandel, sondern brachte in der Folge den gesamten Warenaustausch zum Erliegen. In dieser Zeit entstand das Lied „Im Salzkammergut, da kammer gut lustig sein, holdrio“, das österreichische Salinenarbeiter sangen, wenn sie mit ihren Spitzhacken in die Mine marschierten. Sie verhöhnten damit die bayerischen Salzbergwerker, die nun ihr überschüssiges Salz tonnenweise in den Chiemsee kippen mussten. Aufgrund seines hohen Salzgehalts, 8 %, wird der Chiemsee heute als „Bayerisches Meer“ bezeichnet.

Die aktuellen wirtschaftlichen Perspektiven im Grenzland stimmen hoffnungsfroh. Führende Unternehmen der Crystal Meth-Industrie mit Produktionsstätten in Tschechien drängen darauf, die kulturhistorisch bedeutungsvollen Verbindungswege des grenzüberschreitenden Warenaustauschs für zukunftsfähige Business-Strategien zu reaktivieren. Die Interessensvertretung ostbayerischer Club-Betreiber (IOCB) unterstützt dieses Partnerschaftsprojekt mit einer entsprechenden Petition.

DIE BEVÖLKERUNG

Dass es den Waidler gibt, stimmt. Wahrscheinlich. So richtig bewiesen ist es nicht. Nirgends finden sich verlässliche Aufzeichnungen über Gewicht, Körperbau, Behaarung und seine Hautfarbe nach dem Waschen. In keiner Universitätsbibliothek stehen Regale mit wissenschaftlichen Abhandlungen darüber, wie weit der Waidler springt, wie laut er schnarcht oder wie viel er mit welchen Werkzeugen isst. Das verwundert in Zeiten wie unseren, in denen alles untersucht, gemessen, verglichen und dokumentiert wird. In Zeiten, in denen meine blitzgescheite Langstreckenlebensabschnittsgefährtin eine achthundertseitige Diplomarbeit über die Zusammensetzung von Termitenkot anfertigt, diese in 22 Sprachen übersetzt wird und in allen führenden mikrobiologischen Fachzeitschriften für Furore sorgt.

Warum sind Physiologie, Physiognomie und Lebenswandel des Waidlers weniger gut erforscht, frage ich mich, als die mit bloßem Auge nicht als solche erkennbaren 0,001 mm kleinen Ausscheidungen eines facettenäugigen Holzfressers?

Dieses diskriminierende Ungleichgewicht wissenschaftlichen Interesses gilt es, zugunsten des Waidlers auszugleichen! Mit ausgeklügelter Methodik und investigativer Recherche. Mit sachlicher Analyse und belastbaren Fakten. Mit dem unbändigen Willen zur Wahrheitsfindung. Mit einem Autor, der die Regeln sozialwissenschaftlicher, anthropologischer und systematischer Herangehensweisen aus dem Effeff beherrscht und in der Lage ist, aus den Ergebnissen verwertbare Schlussfolgerungen zu ziehen. Einem wissbegierigen, scharfsinnigen Feldforscher, der nachprüfbare

Belege sucht und sie auch findet. Dem Mutmaßungen ein Gräuel sind. Dem es für die Nachweiserbringung der Existenz des Waidlers nicht ausreicht, wenn er in der ersten leichten Straßenbiegung nach der Ortsausfahrt Rimbach einen verletzen Mann in Feuerwehruniform unter seinem Pedelec im Straßengraben findet, der ihm entgegenlächelt: „Eitzmoanehowedreimnimmadawischt." (Wenn ich es mir so recht überlege, scheint meine derzeitige Lage auf der Tatsache zu beruhen, dass ich auf die mir entgegenrasende Kurve nicht mit der nötigen Richtungsänderung reagiert habe.)

Auch wenn der derangierte Feuerwehrler auf die Frage, ob man ihm helfen könne und wo in aller Welt er denn überhaupt herkäme, mit „Na" und „Ausm Woid" antwortet, darf das nicht als Beleg für die Existenz des Waidlers gewertet werden. Denn: Erstens wäre die Aussage unter Alkoholeinfluss erfolgt und damit irrelevant. Zweitens neigen Männer in Uniform dazu, sich zu überhöhen (Stalin, Silbereisen). Es könnte sich bei dem E-Bike-Fahrer theoretisch um einen Campinggast aus Hessen handeln, der sich seiner minderwertigen Herkunft schämt und seinen krankhaften Geltungsdrang dadurch befriedigt, dass er sich als etwas Besseres, als Waidler, ausgibt.

Kurzum. Es wird nicht leicht.

Nicht für Sie und nicht für mich.

Heute, 1.200 Jahre nach der benediktinischen „Eremus Nortwalt"-Lüge, sieht es aus datentechnischer Sicht im Bayerwald keinen Deut befriedigender aus. Es gibt noch immer keine einzige verlässliche Statistik zum aktuellen Waidlerbestand. Keine Excel-Datei, keine Volkszählung, kein Tortendiagramm klärt uns darüber auf, ob hier 50 Menschen leben, 5 Millionen oder gar keiner.

Mit Menschen meine ich nicht Touristen.

Über die wird nämlich akkurat Buch geführt, ihre Anzahl durch mathematische Gleichungen mit fünf Stellen hinter dem Komma ermittelt. Der zu 55,27 Prozent männliche Bayerwald-Durchschnittstourist zählt 52,49739 Lenze und hält sich 4,3 Tage hier auf. Er ist um 17 % gebildeter und um 38 % geiziger als der gemeine Strandurlauber. Die Süddeutsche Zeitung rechnete 2019 ihren Lesern vor, dass vier Fünftel aller Touristen im Bayerischen Wald den Nationalpark besuchten. 1,4 Millionen Gäste wurden dort gezählt, was nach Adam Riese und Eva Zwerg auf insgesamt 1,75 Millionen schließen lässt.

Wo soll da noch Platz für Einheimische sein?

Man kann davon ausgehen, dass unter den Ureinwohnern der prozentuale Anteil von Parkbesuchern bei Weitem geringer ist als bei Touristen. Warum sollte sich jemand etwas anschauen, das er schon lange kennt, und auch noch Geld dafür ausgeben? Realistisch geschätzt tut das nur jeder 300ste. Im langjährigen Jahresdurchschnitt gaben lediglich 2,7 Nationalparkgäste zu, dass sie Ureinwohner seien. Schenkt man ihnen Glauben und setzt man sie in das oben genannte Verhältnis 1:300, können wir aktuell von 810 echten Waidlern ausgehen.

Die IHK Regensburg bezifferte in einer Wirtschaftsstudie von 2015 die Einwohnerzahl des Bayerischen Waldes auf 548.487. Demzufolge stehen den 810 Originalen 547.677 Zugezogene gegenüber.

Die Aufnahme des Waidlers in die Liste bedrohter Arten scheint längst überfällig. Hoffentlich ist es noch nicht zu spät.

ORTSCHAFTSLYRIK VON *A* *BIS* *Z*:

A

Ach,
Arrach.

B

Blaibach

Halb versunken in der Erden
steht die Form betongestählt.
Ein Konzerthaus muss es werden:
Little Dorf meets modern Welt.

Reichlich rinnt der Reibach
durchs leichenblasse Blaibach.

E-Jaguar und Porsche protzen,
wo einst der Bulldog Öl verlor.
Die Damenwelt beginnt zu rotzen
beim hohen C vom Star-Tenor.

Star-Pia-, Pauk- und Posaunisten,
Tschaikowsky, Schubert, Mozart, Liszt,
sie taugen nicht zum Stall ausmisten,
sie wissen nicht, was Zeidln ist.

Der Bauer E. hört auf zu ackern,
krächzt, lässt neue Hennen gackern.
Statt zu odeln düngt er nur
noch den Bifing Hochkultur.

C

Cham

Ein schlechter Witz mit langem Bart
erzählt von nicht erfolgter Fahrt
eines Herrn im Zug nach Cham.
Niemals kam der Mann dort an.
Im Grab fault er bei Hohenwarth.

D

Drachselsried

Wo der Haberbühlbach sich in den Röhrlbach ergießt
und den gemächlich mäandernden Asbach gebiert.
Nicht jenen als uralt gerühmten Geist des Weines,
nach dessen Verzehr man die Besinnung verliert,
meine ich.
Nein.
Ich meine
das glasklare Bächlein, in dessen Auen manch feines,
zartes Pflänzlein unweit des Ufers erblüht,
die Buschwindrose im Abendlicht gleißt und glüht.
Weine
nicht
meine
Perle, verborgen im Zellertal,
behütet von uralten Linden.
Trotz Diercke-Atlas und Google Maps,
Facebook-Postings und YouTube-Kanal,
trotz Routenplaner und Navi-Apps:
Keiner wird dich je finden!

DER BÖSE WOLF

Wölfe fressen Menschen.

Daran besteht nicht der geringste Zweifel. Dennoch versuchen Natur- und Tierschützer nicht selten, das Bild eines mittelgroßen menschenfreundlichen Schoßhündchens zu zeichnen, das den Bayerischen Wald auf der Suche nach schmackhaften Heidelbeeren und Kiefernzapfen durchstreift, um seinen veganen Ernährungsprinzipien nachzukommen. Mit der Verharmlosung einer der gefährlichsten Raubtierarten unseres Planeten gefährden sie arglose Spaziergänger, Pilzsucher und unschuldige Liebespärchen, die es sich gedankenverloren auf den Rückbänken ihres 3er BMWs unbequem machen.

Der Wolf ist ein Monster.

Er hinterließ in seiner 50 Millionen Jahre langen Entwicklungsgeschichte vom wieselartigen Miacid des Paläozän bis zu seiner heutigen Erscheinungsform eine Blutspur des Schreckens.

BEISPIEL EINS, ALTERTUM:
Im Jahr 2 n. Chr. dokumentiert der römische Geschichtenschreiber Publius Ovidius Naso in seinem Bestseller „Metamorphosen“ einen Mehrfachmord im Familienkreis in Tateinheit mit blasphemischen Handlungen. Lykaon, König der Arkadier, war für seine Frevelhaftigkeit bekannt. Er versuchte, Zeus hinters Licht zu führen, indem er seine Enkel schnetzelte und sie dem Göttervater am Karfreitag in die Gemüsesuppe einrührte. Ein etwas überzogener Anlauf, um zu beweisen, dass niemanden der Blitz trifft, der gegen das kürzlich von einem anderen Gottvater verhängte

Fleisch-Ess-Verbot verstößt. Zeus roch den Braten und verwandelte Lykaon in einen Wolf. Dieser verschlang Zeus. (Die Schreiberlinge Lykophron, Hyginus und Pausanias behaupten, dass es umgekehrt gewesen sie. Dass Zeus den Wolf gefressen habe. Diese Version entbehrt jeder logischen Grundlage. Schließlich gibt es heute keinen Zeus mehr, den Wolf dagegen schon.)

BEISPIEL ZWEI, LITERATUR DES SPÄTMITTELALTERS:
1310 schildert der florentinische Dichter Dante Alighieri seine dramatische „Reise durch die Hölle“ so:

Und eine Wölfin, siehe, unersättlich
Und voller Gier in ihrer Magerkeit,
Alte Verderberin der Menschenvölker!
Der grauenvolle Ausdruck ihres Blicks
Befiel wie Lähmung mich an Herz und Gliedern …

Der Londoner Schriftsteller Geoffrey Chaucer schreibt um 1390 in seinen „Canterbury Tales“:

Die Statue des Mars stand auf einem Kampfwagen,
er war schwer bewaffnet und schaute grimmig drein,
als ob er von Sinnen wär. (…)
Zu seinen Füßen stand ein Wolf
Mit roten Augen, der einen Mann fraß.

BEISPIEL DREI, KRIMINALGESCHICHTE DER SPÄTEN HOCHROMANTIK:
Im Jahre 1812 kehren die minderjährigen Geschwister Johann und Annegret Grimm nicht von einem Ausflug

zurück. Nachdem der Verdacht zunächst auf eine der Hexerei und Ketzerei beschuldigte alleinstehende ältere Frau fällt, kann aufgrund neuer Ermittlungsmethoden ein Zusammenhang zu einem zehn Jahre früheren Fall in einem benachbarten Waldstück hergestellt werden. Dort wandte eine einschlägig vorbestrafte Minderjährige den sogenannten Enkelinnen-Trick an, um in die Privaträume einer leichtgläubigen Hausbesitzerin im Seniorenalter zu gelangen. Sie gab vor, einen Fresskorb vorbeibringen zu wollen, den der Bürgermeister anlässlich des 75. Geburtstags der Großmutter abgegeben hätte. Die Jugendliche setzte das Opfer zusätzlich mit der Behauptung unter Zeitdruck, dass das Mindesthaltbarkeitsdatum der im Korb befindlichen Schmalzfleischkonserve bereits am nächsten Tag um 11:30 Uhr ablaufe.

Der Plan schien zunächst aufzugehen. Bei ihrem Eintreffen war die Haustür nur angelehnt. Die schwerhörige, bettlägerige Oma schnarchte.

Das kriminelle, mit einer roten Baseball-Kappe verkleidete Subjekt durchwühlte Schränke und Kommoden, fand aber keine Wertgegenstände. Als sie die Seniorin aufwecken und höflich nach etwaigen Goldzähnen fragen wollte, fiel ihr auf, dass diese den weitaus stärksten Wangenhaarwuchs aller Damen, die sie bisher ihrer Habseligkeiten beraubt hatte, aufwies. Die Kreatur im Bett gähnte. Das weit aufgerissene Maul erlaubte durch Rachen und Speiseröhre den Blick bis in den Magen. Ein Gebiss, Brille und Hausschuhe. Der Wolf hatte die alte Frau mit Haut und Haaren gefressen. Und nun saß die Nachspeise vor ihm, die einen etwas knackigeren Eindruck machte. Er biss ihr den Kopf ab. Mit dem Rest wartete er. Nach einem Nickerchen kam der zweite Appetit.

Zurück zu unserem mysteriösen Fall der spurlos verschwundenen Geschwister Grimm. Die Parallelen sind offensichtlich: Tatort Wald, jugendlicher Übermut, altes Weib.

Letztgenannte gestand kurz vor ihrer Verbrennung, dass sie zwar die beiden Kinder in einen Käfig eingesperrt und gemästet habe, aber mehr auch nicht. Sie habe lediglich im Auftrag eines den Behörden namentlich bekannten freilaufenden Wolfes gehandelt und sei selbst fast von diesem gefressen worden.

BEISPIEL VIER, TIER-FACHLEUTE IM BLÜHENDEN HISTORISMUS:
Alfred Brehm lässt ab 1863 in seinem berühmten „Tierleben" kein gutes Fellbüschel am Wolf:

> (…) hat in etwa die Gestalt des Hundes, der den Schwanz hängen lässt, anstatt ihn aufgerollt zu tragen. Der Leib ist hager, die Läufe klapperdürr. (…) Die breite Stirn fällt schief ab, die Seher stehen schief, (…)

Ein Bild des schrecklichen Jammers mit Hang zum „Raubmördertum" und zur „Ausübung der niedersten Jagd".

BEISPIEL FÜNF, SCHLIMME NAMENSVETTERN QUER DURCH SÄMTLICHE EPOCHEN:
Die Unbarmherzigkeit des Wolfes spiegelt sich auch in Menschen wie Örtlichkeiten wider, die sich durch Namensgebung zum Wölfischen bekennen. Seewolf Raimund Harmsdorf zerquetschte als Schiffskapitän reihenweise unschuldige Kartoffeln. Wolf Biermann maltrātierte beide Seiten des getrennten sowie das vereinte Deutschland mit atonalem Sprechgesang. Gleiches gilt für Wolfgang Fierek

und sein „Resi, i hol di mit mei'm Traktor ab". Der von vielen als ach-so-friedlich gepriesene Wolfgangsee verschlang 1995 einen ganzen Reisebus.

Die Liste der Schand- und Missetaten, die der Wolf selbst und andere unter seinem Namen begehen, ließe sich beliebig fortsetzen.

Umso erschreckender, dass er im, am und rund um den Bayerischen Wald immer mehr Fürsprecher findet. Die Mittel, ihm ein positives Image zu verpassen, überschreiten oft die Grenzen der Legalität. Es werden pro-wölfische Demonstrationen organisiert und Fake-News gestreut, wie die Meldung, dass ein Wolf ein kleines Kind aus dem Großen Arbersee gerettet und dabei Flipper-Geräusche von sich gegeben habe. Oder dass Wölfe das Lammfleisch von den stinkreichen Schafzüchtern multinationaler Konzerne rauben und es alteingesessenen bayerischen Gaststätten kostenlos vor die Wirtshaustür legen würden, um mit ihrer Naturalspende den Untergang des heimischen Saufwesens zu verhindern.

Dann das: Im Jahr 2017, als dreizehn Skifahrer nachweislich von Wolfsrudeln aus den Gondeln der Arber-Bergbahn gerissen, über die Grenze in ein Waldgebiet nahe Prášily verschleppt und dort an den Wolfsnachwuchs verfüttert wurden, drohte die Stimmung zu kippen. Die Untergrund-Organisation „Wolf's Best Friend" musste handeln. Sie beauftragte einen gutaussehenden Schriftsteller damit, in der Höhle des Löwen für die Belange das Lupus Bavaricus Silvaniensis einzutreten.

Als Höhle des Löwen wurde der Ort Zwiesel ausgemacht. Undercover-Agenten hatten ausgespäht, dass dort der Ralf-Bender-Preis, eine bedeutende Literaturauszeichnung im Bereich Kriminalkurzgeschichten, vergeben werden sollte.

Gar keine Frage - der nicht nur attraktive, sondern auch sprachlich äußerst versierte Autor würde mit seinem Gespür für das Ineinandergreifen von Form und Inhalt, seiner fundierten sprach- und literaturwissenschaftlichen Ausbildung sowie dem gottgegebenen Talent, diese Fähigkeiten 1:1 in Texten umzusetzen, ganz oben auf dem Siegertreppchen landen. Begeisterte Feuilletons, belletristisches Prestige, Weltruhm!

Der Autor lehnte dankend ab, als Wolf's Best Friend darauf drängte, seine Geschichte für den Wettbewerb mit alternativen Fakten zu bestücken. Geld bedeute ihm nichts, war seine erste, unbedachte Reaktion. Schließlich stellte er hohe Ansprüche an sich selbst und an die Authentizität seines Werkes. (Auch wenn der Autor das Preisgeld zugegebenermaßen dringend für die letztmalige Reparatur seines gebrechlichen Peugeot 204 hätte brauchen können.)

Er hatte die kriminelle Energie seiner Auftraggeber unterschätzt. Ein pockennarbengesichtiger Unterhändler trat ihm mit den Worten entgegen: „Du schreibe, sonst verrecke."

Der Bedrängte fragte noch: „Was schreibe?"

„Wolf gut", lautete die Antwort.

Er wusste, was zu tun war, und schrieb um sein Leben.

Die Herausforderung war enorm. Wer die 1.500 Euro Siegprämie absahnen wollte, musste die Teilnahmebedingungen des Bender-Preis-verleihenden Verlages erfüllen: Die Handlung des Krimis hatte im Bayerischen Wald zu spielen und sollte „optimalerweise" auch zum Zwecke der Fremdenverkehrsförderung herangezogen werden können. Zudem musste der Wolf als Held seiner Geschichte dastehen, wenn er nicht in zwei Monaten die Bärwurzeln von unten betrachten wollte. Um in dieser misslichen Lage seine gewohnte Federfertigkeit wiederzufinden und sich der

Region emotional besser nähern zu können, bestellte der Autor drei Kisten Lindner-Bier in die Schreibstube. Schon nach dem vierten Schluck floss es ihm wie geschmolzene Goldsteig-Butter in den Laptop.

Ein falscher Hund

„Heute schauen wir aber schlecht aus, Herr Lamminger. Brauchen wir ein Haferl Kaffee?"

„Erst einmal einen guten Morgen, Scharnagl, so viel Zeit muss sein."

„Guten Morgen, Herr Lamminger. Waren wir überhaupt schon daheim heute?"

Waren wir schon daheim? Waren wir schon daheim? Was bildet sich dieser Kretin von einem Anwärter überhaupt ein. Keinen Funken Respekt. So spricht man nicht mit seinem Vorgesetzten. Und mit einem Dienststellenleiter der Polizeiinspektion Cham schon zweimal nicht. In aller Früh gleich dreimal nicht. Da kommen sie daher, die verkopften Akademikervollpfosten und meinen, weil sie irgendeinen hochgestochenen Scheiß studiert haben, hätten sie die Gescheitheit mit dem Löffel gefressen. Wer arbeitet denn schon 30 Jahre lang auf der Station, also Inspektion, mein ich?

„Wieder verloren gestern - weil wir so schlecht gelaunt sind?"

„Nein, der Herr, gewonnen, sogar viel gewonnen."

„Das freut mich aber sehr, Kollege. Dann können Sie ja endlich Ihre Schulden zurückzahlen."

Zefix, jetzt bin ich ihm ins offene Messer gelaufen. So ein hinterfotziger Kanalratz, dieser Scharnagl. Dabei ist es gar nicht so schlecht gelaufen gestern. Um neun schon vierhundert Euro beisammen. Aber dann halt. Und kurz vor der zweiten Glückssträhne auf einmal Ebbe im Geldbeutel. Ich weiß gar nicht, wie viel ich dem Trottel jetzt schon schuldig bin. Ich frag ihn nicht. Ist ja nicht mein Scheißgeld. Oh leck, ich bin dermaßen groggy.

„Scharnagl, ich muss dringend zu einem wichtigen Außentermin. Halten Sie hier die Stellung!"

„Und wohin? Soll ich nicht mit?"

„Auf keinen Fall. In zwei, drei Stunden bin ich wieder da."

Der Polizeibus steht auf dem Parkplatz hinter der Inspektion. Ich ziehe die Vorhänge zu, klappe die Sitzbank aus und verkrieche mich in den Dienstschlafsack. Beim Einnicken rastet dreimal die 7 im Fenster der Slot Machine ein. Kchk kchk kchk. Gestern in Česká Kubice hätte ich ihn gebraucht, den Dreifachsiebener. Meistens kommt immer alles zu spät und oft überhaupt nicht. Schon haut es mir die Augendeckel zu.

Ich weiß nicht recht, ob ich davon aufwache, dass meine linke Gesichtshälfte in einer eingetrockneten Schleim-Emulsion auf dem Plastiksitz klebt oder ob die verreckte Bellerei und Heulerei draußen schuld ist.

Mundwinkel abputzen, Sitz abwischen. Den Vorhang weg. Ja, was? Eine undefinierbare Promenadenmischung rennt mit einem Stecken im Maul am Bus vorbei. Ein anderer, noch räudigerer Köter greift an. Sie zerren beide am Ast, bis der eine den Schwanz einzieht und sich feig in Richtung ehemaliges Maxim wegschleicht. Der andere, der ausschaut, als ob die Lehrlingin im Schäferhundesalon beim Spitzenschneiden ein spontaner Ganzkörperkrampf überfraut hätte, trabt erhobener Schnauze davon.

Wegen einem blöden Ast braucht sich ein Hund nicht so aufführen, dass es einen unbescholtenen Dienststellenleiter aus dem Schlaf reißt, quasi noch mitten in der Nacht. Der Stecken ist, soweit ich es auf die Entfernung erkennen kann, rot-weiß kariert. So ähnlich wie die Hemden, die sich Möchtegernbayerwäldler passend zu den original rindviechfarbenen Kunstlederhosen im Trachtenmoden-Outletstore an der B 85 andrehen lassen. Haha, schaut fast aus wie ein Arm.

Schmarrn. Gedankentransferimpuls nennen der Psychologe und der Psychiater dieses Phänomen. Du träumst vom drecks Einarmigen Banditen und schon bildest du dir beim Aufwachen ein, dass ein Arm auf vier Pfoten vorbeiläuft.

Vielleicht muss ich die Sache mit dem Saufen doch etwas langsamer angehen.

„Und, irgendwas Neues, Meister Scharnagl?"

„Mahlzeit, Chef. Die Miltacher haben den Trainer rausgeschmissen."

„Ist auch Zeit geworden. Aber ich meine mehr vom Dienstlichen her?"

„Wenig bis nichts. Gehen wir in Mittag? Im Rhaner gibt es Schweinshaxn mit Kraut und ein Kaltgetränk für vier siebzig. Ich trink bloß noch schnell den Kaffee aus."

„Zeit lassen, Scharnagl. In der Ruhe liegt die Kraft."

Typisch. Immer, wenn du etwas Wichtiges vorhast, kommt etwas dazwischen. Das Telefon zum Beispiel.

„Wollen Sie nicht abheben, Scharnagl?"

„Eigentlich nicht."

Wir schauen lange schweigend auf den schimmelpilzfarbenen Apparat. Er will und will nicht aufhören. Riiiing. Riiiing. Riiiiing. Riiiing. Riiiing. Dann doch.

„Okay, gehen wir!"

Riiiing, geht es nochmal von vorne los.

Fuchtig reiße ich den Hörer von der Gabel und wasche diesem impertinenten Telefonterroristen erst mal den Kopf. Das heißt, ich will gerade damit anfangen, ihm den Kopf zu waschen, als ein rückenmarkgesteuerter Polizeidienststellenleiterreflex meinen Kommunikationsstil in behördentaugliche Bahnen lenkt.

„Wissen Sie nicht, wie viel Uhr es ist, Sie Narr?", stelle ich eine lösbare Wissensfrage.

Der am anderen Ende stellt sich als eine Die heraus. Dass etwas Schreckliches passiert sei. Überall Blut und furchtbar.

„Das ist selbstredend etwas anderes, gnädige Frau. Wo befinden Sie sich? Fassen Sie nichts an! Ich und mein Kollege sind schon auf dem Weg. – Auf geht's, Scharnagl. Den Schweinsbraten kannst du dir in die Haare schmieren."

„Wohin?"

„Af Bloaba."

„Wie?"

„Nach Blaibach ins Konzerthaus."

„Schrecklich, schrecklich, schrecklich". Die Konzerthausintendantin fuchtelt mit beiden Händen unkoordiniert in der Luft herum, als sie uns auf High Heels mit weiß-blauem Rautenmuster entgegenstöckelt. Noch bevor ich den Motor abstellen kann, steckt sie ungefragt ihre babylonische Turmfrisur durchs offene Fenster und sticht mir mit ihrer Gucci-Hartholzhaarnadel aus zertifizierten Tropenholzplantagen fast das gute Auge aus. Sie hysteriert gefühlt hundert weitere Schrecklichs ins Wageninnere.

„Darf ich?", schiebe ich mit der flachen Hand ihren Kopf aus dem Dienstwagen. Bedauerlicherweise verfängt sich mein Blick in ihrem ausladenden Dirndl-Dekolleté, was in mir tief verschüttete Kindheitserinnerungen an die verbilligten Lederwarenausschussprodukte der Gerberei meines Großonkels in Viechtach ausgräbt.

Scharnagl fragt höflich, ob er sich irgendwo kurz frisch machen könne. Er legt eine weit schleunigere Gangart ein, als man sie von jemandem vermuten möchte, der sich nur mal eben die Hände waschen will. Vielleicht hätte ich ihm sagen sollen, dass ich am Freitag noch Kalkreiniger in den Kaffeewasserbehälter geschüttet, dann aber vergessen habe, ihn durchlaufen zu lassen.

„Wo liegt das Corpus Delicti?"

„Bitte, kommen Sie mit! Hinterm Haus. Schrecklich."

Das Konzerthaus sieht aus wie ein überdimensionierter Würfel, den ein durchgedrehter Zyklop volle Lotte ungespitzt in den Blaibacher Kirchplatz gerammt hat. Der Würfel erinnert mich an Mäxchen, aber nicht an den verzogenen, glupschäugigen Fratzen meines Nachbarn, sondern an das Würfelspiel. Und das wiederum katapultiert meine Gedankenwelt kurzzeitig in Richtung Kötztinger Casino, wo ich ohne Weiteres nachher noch vorbeifahren könnte, wenn sich die Sache hier nicht zu sehr in die Länge zieht. Der Polizei-Psychotherapeut behauptet, dass ein Teil von einer meiner Krankheiten darin besteht, dass ich alles, egal was und wo es ist, mit dem Glücksspiel in Verbindung bringe. Ein Teil meiner anderen Krankheiten äußert sich dadurch, dass ich ab Mittag immer einen brutalen Durst bekomme. Das stimmt. Trotzdem ist er kein guter Therapeut, sonst wäre er nicht ins polizeipsychologische Beratungszentrum Bayerwald strafversetzt worden. Ich musste ihm erklären, dass ich nicht krank bin. Krebs, Mumps, Katarrh, Corona, Aids. Ja, das sind echte Krankheiten. „An einer Krankheit", argumentierte ich ihn in Grund und Boden, „leidest du nur, wenn du unter ihr leidest, aber ich leide ja nicht. Mir geht es sehr gut, wenn ich im Casino bin, und sogar saugut, wenn ich dort Bier und Schnaps einlitern kann." Falls es einen Zustand gibt, der dem Begriff Krankheit am diametral entgegengesetztesten gegenüberstehen kann, dann ist es das Saufen am Einarmigen Banditen.

„Da liegt er", zerrt mich die Intendantin schluchzend aus meinem inneren philosophischen Diskurs heraus.

„Moment, ich muss noch etwas überprüfen", höre ich mich in einem bedeutungsschwangeren Sonntags-viertelnachacht-Tonfall sagen, der den Vergleich mit Batic, Leitmayr und Co. nicht zu scheuen braucht. Ich bin ein sehr guter Polizist und zudem in der Lage, Getränkeautomaten olfaktorisch wahrzunehmen. Als wir vorhin am hinteren Bühneneingang vorbei ums Haus gegangen sind, habe ich einen gerochen. Ganze 50 Meter entfernt, hinten in einem Gang. Und das, obwohl sich mittig zwischen mir und dem Automaten die Männertoilette samt Insassen, repräsentiert durch den Kollegen Scharnagl, befindet.

Als ich daran vorbeigehe, schießt mir das Etikett vom Freitag durch den Kopf. War das gar kein Entkalker? Ein Rohrreiniger? Ja, ich bin mir fast sicher. Vielleicht lösen sich all meine finanziellen Schwierigkeiten unverhofft in Scharnagels Gestank auf? Ein Silberstreif.

Ein Euro eine Halbe. Zwei Euro zwei Halbe. Ein prima Automat. Plopp. Bei der Ersten setze ich zwischendurch einmal kurz ab. Plopp. Bei der Zweiten nicht, weil die Recherche am Tat- oder Fundort nicht länger stocken darf.

Ahhh. Pfand drauf? Egal. Zurück.

Vielleicht bilde ich es mir auch nur ein: Im Vorbeigehen meine ich, ein schwachbrüstiges Röcheln aus dem Klo zu hören. Aber wenn sich der Gang schon anriecht, als hätten dort zwanzig Atomstinkbomben eingeschlagen, dann besteht nach menschlichem Ermessen hinter dieser WC-Tür nicht die geringste Überlebenschance für nichtkakerlakische Lebensformen.

Da liegt er also. Auf der Bank.

„Und der Rest?", frage ich die von Weinkrämpfen gebeutelte Intendantin.

Sie zieht die Schultern hoch.

„Den Arm habe ich heute schon einmal gesehen", krame ich halblaut in meinen Hirnwindungen. Mir will aber zum Verrecken nicht einfallen, wo.

Wieder zuckt sie mit den Achseln.

Dann fällt es mir wie Schuppen von den Dings: im Maul von dem verlausten Hundskrüppel, der mich heute in aller Herrgottsfrüh aus dem Schlaf gejault hat.

„Wissen Sie vielleicht, zu wem das gute Stück gehören könnte?"

„Ja, ja, das weiß ich, Herr Kommissar", heult die Intendantin Rotz und Wasser. „Das ist der Arm unseres chinesischen Star-Pianisten Kulzkulz. Er sollte heute Abend im Konzerthaus ein Gastspiel geben. Sergej Rachmaninoff, Klavierkonzert Nummer zwei, c-Moll."

„Wer von den Herren jetzt? Kulzkulz oder Rachmaninoff?"

„Kulzkulz."

„Und woher wollen Sie das so genau wissen?"

„Das karierte Designerhemd. Eine Maßanfertigung, ein Einzelstück für Herrn Kulzkulz. Exklusiv für diesen Gala-Abend kreiert von Jean Paul Gaultier."

„Geht doch."

Mein kriminalistischer Spürsinn verrät mir, dass ich heute Vormittag im Polizeibus doch noch einmal länger eingenickt sein muss, weil auch der aerodynamischste Windhund die Strecke von Cham nach Blaibach nicht in einer knappen Viertelstunde zurücklegt. Noch dazu mit einem Star-Pianisten-Arm im Maul.

„Wo hat er denn geschlafen, der Rach – äh, ich meine, der Herr Kulzkulz?"

„Beim Schtinglbauern in Michelsdorf."

„Nicht im Hotel?"

„Nein, Herr Kulzkulz liebt das Urige, das Authentische. Herr Schtinglbauer lässt ihn kostenlos auf dem Hof mitarbeiten. Stall ausmisten und so."

„Soso. Dann werde ich dem Schtinglbauern wohl einen Überraschungsbesuch abstatten müssen."

Ein Bühnenarbeiter stürzt mit zugehaltener Nase aus der Mäxchen-Philharmonie ins Freie, sinkt in die Knie und ringt um Frischluft. „Ein Toter. Ein Toter aufm Scheißhaus."

„Also bitte!", empört sich die Intendantin.

„Ach so. Entschuldigung, Frau Intendant, auf der Herrentoilette, wollte ich sagen."

„Wie viele Arme hat er denn?", frage ich, obwohl ich die Antwort kenne.

Der Bühnenarbeiter denkt nach. „Zwei."

Ich hole drei Gasmasken und die Gefahrengut-Schutzanzüge aus dem Auto.

Scharnagl liegt in Kauerstellung mit heruntergelassenen Hosen vor dem Tiefspüler. Kein schöner Tod.

„Frau Intendant", informiert der Bühnenarbeiter seine Chefin mit einem lobheischenden

Unterton, „schauen Sie her! Das geht auch wieder durch."

Er betätigt die Spülung. Zweitens, um der Chefin zu beweisen, dass seine Aussage den Tatsachen entspricht. Erstens und vor allem aber, um zu verhindern, dass Scharnagls stark geysirende Exkremente Löcher in unsere sonnengelben Gummioveralls ätzen. Jetzt ist es amtlich. Es war kein Entkalker.

Ich gebe vor, Scharnagls Personalien überprüfen zu müssen, weil ich ihn wegen seines vom qualvollen Todeskampf bis zur Unkenntlichkeit verzerrten Gesichts nicht eindeutig identifizieren könne. Griff in die Jackentasche. Dienstausweis.

„Ja", garniere ich meine Stimme mit einem unterschwelligen Beben, „mein treuer und zuverlässiger Kollege, Unterinspektor Scharnagl, weilt nicht mehr unter uns."

Geldbeutel voll. Super. Cash, Bank-Card, Visa-Card. Ein Wink des Schicksals. In die Tschechei oder nach Kötzting? Keine Zeit. Erst den Mord aufklären.

„Auf Wiedersehen. Wenn Ihnen noch etwas Wichtiges einfällt, rufen Sie mich an", verabschiede ich mich, während Intendantin und Bühnenarbeiter mit hohlem Blick in die Schüssel darüber nachgrübeln, wer den seit Wochen verstopften Ablauf repariert haben könnte.

Gleich nach dem „Pfiad Gott, Blaibach"-Schild biege ich in den nächsten Waldweg ab. Laptop raus: www.online-darkcasino.de. Video-Poker, Black Jack, Roulette.

Keine halbe Stunde hält Scharnagls armseliges Vermögen her. Dabei war ich wieder so knapp dran.

Armselig. Arm dran. Arm ab, kalauert sich der Fall zurück. Höchste Konzentration ist gefragt.

Wohin wollte ich? Schtinglbauer, genau. Michelsdorf, genau. Autoradio an.

… wieder Wölfe in Grenznähe gesichtet, … Bevölkerung und Schafe in Angst und Schrecken …

Ich zähle eins und eins zusammen. Zwei. Das heute Früh war kein verwahrloster Hund, sondern ein waschechter Wolf. Das hört sich schon besser an, wenn ein Kommissar von einem gefährlichen Raubtier aus dem Schlaf gerissen wird, wie wenn ihn ein verlauster Straßenköter ankläfft.

Dann wäre der Mordfall im Prinzip schon gelöst. Der Bauer war's. Er zerstückelt die Leiche und gräbt die Teile ein. Sein geisteskranker Hund scharrt sie wieder aus und rennt damit weg. Den Rest kennen wir.

An dieser Stelle breche ich gern eine Lanze für die Rückkehr des Wolfs in den Bayerischen Wald. Wer hätte dem Hofhund auf dem Polizeiparkplatz den Arm abspenstig machen sollen, wenn nicht er? Hätte der liebe Wolf nicht den Weg aus den kargen, von Barbaren besiedelten Landstrichen jenseits des ehemaligen Eisernen Vorhangs ins wunderschöne Ostbayern gefunden, wer hätte den Schtinglhofhund daran hindern sollen, den Arm bis auf die Knochen abzunagen und damit wichtige Beweismittel zu vernichten? Der Schtinglhofmord wäre nie aufgeklärt worden, der kaltblütige Mörder Schtinglbauer hätte nie überführt werden können ohne ihn, den guten, alten, braven Wolf.

Das Verhältnis von Michelsdorf zu Cham ist vergleichbar mit dem der Bronx zu Manhattan oder von Hillbrow zu Johannesburg oder - auf jeden Fall so gefährlich nah an Cham dran, dass auch eine undefinierbare Promenadenmischung, durchschnittlich trainiert, den Arm ohne großes Hecheln in weniger als einer halben Stunde bis zum Polizeipräsidium apportieren kann. Und dass sich ein ausgewachsener Wolf mit einem abgemagerten Klavierklimperer-Arm im Maul in Lichtgeschwindigkeit zurück nach Blaibach beamt, ist sicherer als das Amen in der Stadtpfarrkirche Sankt Jakob.

Vom Finanziellen her wäre es nicht schlecht, wenn ich den Kulzkulz-Restkörper auf dem Schtinglhof finden würde. Personalien überprüfen. Wertsachen für die Asservatenkammer sichern.

Rechts ein Misthaufen, links ein Misthaufen und da hinten noch ein Misthaufen. Ach nein, das ist ja ein Haus: der Schtinglhof vom Schtinglbauern. Damit der gleich weiß, was gespielt wird, schalte ich das Blaulicht ein. Und tatütata. Langt schon.

Ich steige aus, gehe mit entschlossenem Blick auf ihn zu. Der Bauer deutet mit seinem Gichtzeigefinger wort- und teilnahmslos auf mein Gesicht. Ach so. Die Gasmaske. Und der Overall. Habe ich beim Black Jack ganz vergessen.

„Ich wusste ja nicht, wie schlimm es hier bei Ihnen riecht, aber geht ja", baue ich zunächst ein freundschaftliches Vertrauensverhältnis zum Mörder auf, wie ich es im Rahmen meiner letzten Verhörtechnik-Fortbildung 1985 gelernt habe. Dann erhöhe ich sofort den Ermittlungsdruck: „Sagt Ihnen der Name Kulzkulz etwas?"

„Frala."

„Wohnte er bis vor Kurzem noch bei Ihnen?"

„Frala."

„Wo haben Sie die Leiche versteckt? Raus mit der Sprache!"

„Hm?"

„Wollen Sie etwa leugnen, dass sie Kulzkulz umgebracht haben?"

„Frala."

„Jaja. Dann lebt er wahrscheinlich sogar noch, oder? Wollen sie mich für dumm verkaufen?"

„Frala."

„Frala, frala, frala. Und wo wäre er denn dann, der Herr lebendige Star-Pianist?"

Der Schtinglbauer dreht sich um und schlurft in schwanzmeisennestartigen Gebilden, die früher einmal Hüttenschuhe gewesen sein könnten, in die Stube. Ich folge ihm unauffällig. Kulzkulz liegt auf der Kachelofenbank und nuckelt an einer Flasche Williams Christ.

Kulzkulz blickt kurz auf und lächelt mich selig an. Dem Chinesen fehlt das Enzym Acetaldehyd-Dehydrogenase. Sein Körper baut Alkohol nicht richtig ab. Der Chinese ist nach einem halben Stamperl schon in einem Zustand, für den ein 30-jähriger Zwieseler eine ganze Blutwurzbrennerei leer saufen müsste. Und dann kommt er auch noch nicht ganz hin, der Zwieseler.

Die armlose Körperhälfte liegt am Kachelofen. Ich nehme Kulzkulz die Flasche ab und kontrolliere die Beschaffenheit des Inhalts, indem ich ihn absauge. Willi.

„Selbst gebrannt, Herr Schtinglbauer? Haben Sie noch mehr davon?"

„Frala."

Er kommt mit drei Flaschen zurück, damit es keinen Streit gibt. Kulzkulz ist bei aller Einarmigkeit bestens gelaunt.

Bevor keiner von uns mehr sprechen kann, wüsste ich dann doch noch gern wie, wo und was.

Fürs Protokoll: Am Montagvormittag unterstützte der weltberühmte Bühnenkünstler

Jùzi Kulzkulz seinen Gastgeber, Herrn Schtingl, unentgeltlich und aus freiem Willen bei der Hofarbeit. Herr Kulzkulz hatte nach eigenem Bekunden nie vorher eine Kreissäge bedient. Als er einen mittelgroßen Ast auf den Sägetisch hob, um ihn zu zerschneiden, muss er auf den Hofhund Hamlet den Eindruck erweckt haben, er wolle ihm ein Stöckchen werfen. Kulzkulz war jedoch mental so stark in die für ihn neue, geistig wie körperlich herausfordernde Tätigkeit involviert, dass er weder die fälschliche Annahme des Hundes bemerkte noch dass dieser sich in hohem Tempo von hinten näherte. Konzentriert über den Tisch gebeugt, nahm er erst von Hamlet Notiz, als er von dessen kräftigen Vorderpfoten bäuchlings auf den Sägetisch gestoßen wurde, wobei sein linker Arm knapp unterhalb des Schultergelenks in das rotierende Sägeblatt geraten sein muss. Wiederum eine falsche Annahme Hamlets war, dass es sich bei der abgetrennten und in hohem Bogen weggeschleuderten Körpergliedmaße um das von Kulzkulz zum Werfen aufgehobene Stöckchen handelte. Während Hamlet keine Anstalten machte, das mutmaßliche Stöckchen seinem Besitzer zurückzubringen, kümmerte sich Herr Schtingl um die Wunderstversorgung. Er rammte den Korken seines Birnenedelbrandes in die blutspritzende Arterie und anästhesierte den Verunfallten durch Verabreichung des 44-prozentigen Selbstgebrannten.

Anzeige wollte Herr Kulzkulz nicht erstatten. Er sehe seine private wie berufliche Zukunft eher im Umfeld des Schtinglhofs, wobei ihm der Verlust des Armes eine gute Gelegenheit biete, das Musikalische ein für alle Mal an den Nagel zu hängen. Herr Schtingl bekundete sein umfängliches Einverständnis mit den Ausführungen Herrn Kulzkulzs.

Was den Hofhund Hamlet betrifft, war sich Herr Kulzkulz sicher, dass dieser nicht bös- oder arglistig gehandelt habe, sondern dass er nur habe spielen wollen. Auch dieser Aussage stimmte Herr Schtingl mit einem abschließenden „Frala" zu.

E N D E

Für die offizielle Preisverleihung, die am 21. Oktober um 19:30 Uhr im Kulturzentrum „Waldmuseum Zwiesel" stattfand, hatte sich der Autor eine aufwühlende Rede ausgedacht, auswendig gelernt und die Gestik dazu mehrmals vor dem Ganzkörperspiegel überprüft. Die Gewinner des Literaturwettbewerbs waren bis dahin streng geheim gehalten worden. Sie sollten, ähnlich der Oscarverleihung, erst an diesem Abend von ihrem Glück erfahren. Der Schriftsteller wollte seiner geliebten Frau für alles danken, der Mutter, dem Vater, dem Bruder, dessen Frau und ihren Schwestern, alten und neuen Freunden, ehemaligen Mannschaftskameraden, Lehrern und dem lieben Gott. Dass er es ohne sie nicht geschafft hätte, auch wenn er sich das meiste aus eigener Kraft, mit seinem unbändigen Willen und so weiter.

Der preisverleihende Moderator hob feierlich die Stimme und hielt mit ausgestrecktem Arm ein Kuvert in die Luft: „Kommen wir nun zum Höhepunkt des Abends, meine sehr geehrten Damen und Herren. In diesem Umschlag befindet sich die Entscheidung unserer hochkarätigen Jury. Der glückliche Gewinner heißt …“ Er faltete den Zettel auf und las den Namen in Manier eines Madison-Square-Garden-Boxring-Sprechers vor.

Der Autor hatte sein Redemanuskript längst unter den Arm geklemmt und befand sich auf halben Weg zur Bühne, als die Welt unterging. Das, was in Form unerträglich lang gedehnter Vokale in den Raum gegrölt wurde, war nicht sein Name. Ihm wurde schwindelig. Er hielt sich an einer Stuhllehne fest, fasste sich wieder und rettete, was zu retten war. Ob sich die Toiletten hinter der Bühne befänden, fragte er den Moderator. Nö.

Auf dem Klo weinte er lange und bitterlich. Als er zurückkam, fragte ihn seine Begleitung, wo er denn die ganze Zeit gewesen sei. Er hätte vor wenigen Augenblicken den Sonderpreis für den besten Schüleraufsatz zugesprochen bekommen. Da für die Übergabe jedoch die Anwesenheit des Preisträgers Voraussetzung gewesen sei, hätten die Veranstalter spontan beschlossen, das Preisgeld einem guten Zweck zukommen zu lassen.

Der Autor erinnerte sich, dass er im Anmeldebogen sein Geburtsdatum absichtlich so undeutlich geschrieben hatte, dass der Sechzigjährige auch ein Neunundzwanzigjähriger hätte sein können. Diesen Trick wandte er regelmäßig an, um auch an Nachwuchswettbewerben teilnehmen zu können. Jedenfalls musste er dieses Mal zusätzlich einen Zahlendreher hineingeschludert haben. Mannomann, dachte er, 300 Euro. Das hätte für Auspuff und Keilriemen gereicht. Er rang mit sich, wollte jedoch die Veranstalter nicht kompromittieren. Er hätte sie anbrüllen können, dass sie erstens nicht in der Lage waren, Zahlen, die von künstlerischer Hand kalligraphiert worden waren, richtig zu interpretieren, und zweitens, Hochliteratur von trivialer Scheiße zu unterscheiden. Stattdessen trank er in schneller Folge fünf Gläser Prosecco, wickelte die Thunfischpasteten-Kanapees vom Büffet in Papierservietten, ließ sie in die Sakkotaschen gleiten und schlich grußlos hinaus in die Dunkelheit.

Zwiesel war ein finsterer Ort. Lange suchte er nach dem richtigen Begriff, dann fiel er ihm ein: ausgestorben. Umso mehr wunderte es ihn, als er Schritte hörte. Jemand verfolgte ihn. Vielleicht seine Begleitung, die vorhin nichts Besseres zu tun hatte, als sich dem frisch gekürten Gewinner an den Hals zu werfen. So sind Frauen. Oder eine andere glühende Verehrerin, die die Gunst der Stunde nutzen wollte? Er drehte sich nicht um, ließ sie, egal ob es die Seine oder eine andere, vielleicht Hübschere war, zappeln.

Die Schritte kamen näher. Er wunderte sich darüber, wie dumpf elegante Damenschuhe auf nassem Kopfsteinpflaster klingen können. Fast bedrohlich. Wie ein Zweimeterschrank mit 130 Kilo Lebendgewicht in Springerstiefeln.

„Nix gut schreiben Wolf", hörte er eine tiefe Stimme radebrechen.

Noch bevor er sich dazu entschließen hätte können, eine schnellere Gangart einzulegen, verlor er sein Leben.

„Der Mensch ist dem Menschen ein Wolf"
(Plautus, Komödiendichter, ca. 200 v. Chr.)

INTERVIEW: **SUPER NEBEL**

Ich lasse Cham links liegen. Chamerau rechts. Die B85 mündet in ein Rondell, einen Kreisverkehr, der mich auf die Staatsstraße 2132 ausspuckt. Über die Regenbrücke hinüber, den Roßbach entlang. Bei der Abzweigung nach Runding reiße ich das Steuer meines Aston Martin DB5 aus voller Fahrt herum, schlingere einige hundert Meter auf zwei Rädern weiter. Als ich in letzter Sekunde einem großen zotteligen Tier ausweiche, überschlägt sich der Wagen bei unverminderter Geschwindigkeit dreimal. Krachend und funkensprühend fällt er zurück auf alle Viere. Weiter geht's. Dort, auf der Anhöhe, das muss das Schönberger-Anwesen sein. Schotterpiste, 39 % Steigung, Baldwin Street ein Dreck dagegen. Allrad! Vollbremsung. Ich bin da. - Leider nur mit dem Finger auf der Landkarte.

Es ist nicht einfach, einen Interviewtermin mit Martin Schönberger zu bekommen. Martin ist viel unterwegs, schreibt gerade ein Buch, sein drittes, bereitet ein neues Kabarettprogramm vor und hütet Haus und Kinder, die miteinander 6 Jahre alt sind, das jüngere erst 1. Einmal hätte es um ein Haar geklappt. Beinahe wäre er für das Interview bei mir vorbeigekommen. Doch aus irgendwelchen Gründen verengte sich sein weit geöffnetes Zwei-Stunden-Zeitfenster auf einen 15-Minuten-Spalt. So schnell kann und will ich nicht sprechen. Früher ja, heute nicht mehr. Mein Vorschlag, ich könne ihn gern in Runding besuchen, fiel auf unfruchtbaren Boden. Wir einigten uns darauf, aus der Not eine Tugend zu machen und das Interview gleichzeitig als atemberaubende Demonstration unserer Zukunftszugewandtheit zu nutzen, will heißen, modernste Kommunikations- und Interaktionsmöglichkeiten auszuschöpfen.

Martin Schönberger kennen die meisten unter seinem Künstlernamen Helmut A. Binser. Solokabarettist. Den letzten Kontakt hatten wir 2009. Er rief mich an, ob ich nicht mit ihm nach München fahren wolle. Ins altehrwürdige Schwabinger Rationaltheater. Er wolle Kabarettist werden und dort sein Programm testen, das leider erst 20 Minuten lang sei, weshalb er dachte, ich, der schwafi, hätte doch ein Buch geschrieben, mit dem sich der verbleibende Rest des abendfüllenden Programms bestreiten ließe. Um möglichst viele sensationshungrige Großstädter anzulocken, wurde die Veranstaltung als Oberpfälzer Abend angepriesen. Machen wir es kurz: acht zahlende Zuschauer, die sich im Termin vertan hatten. Wir gaben ihnen das Eintrittsgeld nicht zurück. Die Getränke für die Künstler waren frei. Ohne Obergrenze. Alles in allem eine feine Sache.

Auf meinem leuchtorangen, schnurgebundenen Bundespost-Tastentelefon tippe ich die Schönberger-Festnetznummer ein. Jemand hebt ab.

Houston, we are connected.

Hörst du mich?

Ja.

Wie geht es dir?

Prima. Ich habe frei heute Vormittag.

Jetzt nicht mehr.

Danke.

Gern. Fangen wir gleich an. Woher kommst du ursprünglich?

Schon immer aus Runding, Landkreis Cham. Das ist ein Ort mit einem recht intakten Dorfleben. Wir sagen Bergdorf dazu, weil wir auf einem Hügel wohnen. Da bin ich geboren und seit 2014 lebe ich wieder hier.

Und deine Eltern?

Mein Vater kommt auch aus Runding, meine Mama ganz aus der Nähe.

Wenn du nicht in Runding leben könntest, wo dann?

Abgeschieden in der Natur. Das gefiele mir. Auch ohne Strom. In Regensburg habe ich eine Weile gewohnt. Das hat mir auch gefallen. Wenigstens im Sommer.

Hast du noch Freunde aus der Kindheit?

Ausschließlich. Natürlich haben sich im Laufe der Zeit auch neue Freundschaften entwickelt, aber die Leute, die ich um halb Drei in der Früh anrufen kann, wenn ich Hilfe brauche, sind die Freunde aus der Kindheit.

Du hast dein Leben mit dem Einstieg ins Kabarett radikal verändert. Was hast du davor gemacht?

Ich arbeitete 10 Jahre als Industriekaufmann. Mit 26 fing ich an, Rockmusik zu machen. Der Brotjob finanzierte mehr oder weniger meine Spinnereien. Mit dem frühen Aufstehen hatte ich es auch nicht so. Eines meiner Lebensprinzipien heißt Freiheit. Lange traute ich mich nicht auszubrechen. Vielleicht auch wegen meines konservativen Elternhauses, das von meinen Anliegen und Ansichten nicht sonderlich begeistert war. Als sich die Chance fürs Kabarett ergab, habe ich sofort zugeschlagen.

Was heißt Chance?

Ich arbeitete früher in der Liederbühne Robinson, habe mir dadurch viel Kabarett angesehen. Zu der Zeit konnte ich mir aber noch nicht vorstellen, das zum Beruf zu machen. Dann durfte ich die Musik-Kabarettisten von „Da Huawa, da Meier und i“ ein Jahr lang mit dem Bus zu Auftritten fahren und bin dadurch in die Szene reingekommen. Etwa zur selben Zeit brach unsere Band auseinander. Also probierte ich Kabarett aus und es hat sofort funktioniert. Ich stand auf der Bühne und hatte das Gefühl: Ja, das ist es.

Siehst du dich als Kabarettist oder als Comedian?

Ich sehe mich als bayerischen Brettl-Spieler. Kabarett ist für mich, was zum Beispiel Georg Schramm macht. Der Begriff Comedy hat einen faden Beigeschmack. Das Mario-Barth-mäßige. One-Liner, Witze aneinandergereiht, die aus einer Zeile bestehen. Ich bin ein Geschichten-Erzähler. Wie am Stammtisch. Am besten mit unerwarteten Wendungen. Ich bin nicht aggressiv, will niemanden verletzen. Mehr oder weniger kritisiere ich die Figur, als die ich auf der Bühne stehe.

Welche Ansprüche stellst du dabei an dich selbst?

Ich versuche immer, mit zwei Ebenen zu arbeiten. Wer nur die erste erkennt, kann trotzdem etwas rausziehen. Lachen. Gaudi haben. Einer meiner Ansprüche ist, anderen Menschen Freude zu bereiten. Jemanden von einer anderen politischen Meinung zu überzeugen, ist meines Erachtens nicht möglich. Vielleicht kann ich wenigsten die offenen Gräben ein bisschen zuschütten, etwas gegen die gesellschaftliche Spaltung tun.

Welche Kompromisse gehst du bei deinem Bühnenprogramm ein?

Meine Mama darf sich nicht schämen, wenn sie im Publikum sitzt. Wenn sich Kinder im Publikum befinden, sind Fäkalausdrücke tabu. Ich fühle mich besser damit, gewisse Regeln einzuhalten. Das tue ich nicht, weil es das Publikum fordert. Bestimmt hätte ich kommerziell mehr Erfolg, wenn ich bayerntümlicher auftreten würde. Mit Lederhose und auf den Plakaten steht „echt griabig". Aber so was kommt nicht infrage.

Und Kompromisse bezüglich der Veranstalter, Manager etc.?

Fürs Fernsehen stellt echter Dialekt ein Problem dar. Viele Regisseure und Produzenten haben keinen Bezug mehr zum Bairischen. Hochdeutsch ist für mich keine Option. Ich brauche den Dialekt, weil ich dann so reden kann, wie ich denke und fühle. Zum ersten Mal bewusst wurde mir die Wirkung des Dialekts, als wir Besuch aus Frankfurt hatten und die mich auslachten. Ich hatte keine Ahnung, warum. Ich sprach ja normal. Heute setze ich den Dialekt bewusst ein. Im Oberbayerischen hast du schon deine Lacher, wenn du mit „Bou, wou, Schouh" daherkommst. Für mich gehört der Dialekt irgendwie zum Körper. Wie etwas Geerbtes. Mir gefällt, dass ich in meinen Dialekt auch in 500 Kilometer Entfernung noch auftreten kann. Zwar wird nicht alles wortwörtlich verstanden, wenn ich zum Beispiel sage „s Göld vourussn". Aber es erschließt sich aus dem Kontext. Im schlimmsten Fall übersetze ich ins Pseudo-Hochdeutsch, was auch ganz lustig sein kann.

Dein nördlichster Auftritt?

Kaiserslautern.

Wie war das? Sprachbarrieren?

Da habe ich mir nur anfangs einen Kopf gemacht, wenn ich zum Beispiel in Vorarlberg die Leute hab reden hören, „Dou bini gsin" und so. Ich dachte: Fahr lieber gleich wieder heim. Aber es hat funktioniert. In München spielte ich auf einem Starkbierfest. Ich wusste aber nicht, dass lauter Italiener im Publikum waren. Die schauten recht verdattert, solange ich ihnen Geschichten erzählt habe. Dann haben wir miteinander Lieder gesungen. Schon hat's gepasst.

Du warst früher Sänger bei einer Band namens Senna Hoi.

Das war meine beste Zeit. Jugend. Absoluter Rock'n'Roll. Wir treffen uns noch regelmäßig und schwelgen in Erinnerungen. An ein Revival haben wir uns bisher nicht gewagt.

Wir befürchten, dass das Schöne, was wir in Erinnerung haben, verwaschen wird.

In welchen Erinnerungen schwelgt der Rock'n'Roller Binser?

Senna Hoi war: vor dem Auftritt eine halbe Flasche Schnaps, acht Bier und was weiß ich noch. Dann ging es los. Es nimmt mir auch keiner mehr ab, wenn ich von der Revolution singe und stehe mit Wampe und Platte auf der Bühne. Damals war alles wild und kämpferisch. Heute bin ich fürs friedliche Miteinander.

Du bist Solokünstler. Wären dir manchmal mehr Leute auf der Bühne recht?

Wenn ich einen zweiten Mann hätte, könnte ich Dialoge führen. Das wäre für gewisse Gags besser. Allein habe ich alle Freiheiten. Ich kann jederzeit entscheiden, was ich mache, brauche mich an keinen Ablaufplan oder Absprachen zu halten. Wieder in einer Band zu singen, könnte ich mir vorstellen. Aber es hat noch keiner gefragt.

Schaust du dir von anderen was ab?

Ich versuche, mich so wenig wie möglich in meinem Stil beeinflussen zu lassen.

Zweifelst du manchmal, ob der Umstieg aufs Kabarett die richtige Entscheidung war?

Nein. Andere Sachen kann ich nicht halb so gut. Ich möchte auch nichts anderes machen. Ich habe etwas gefunden, das mir gefällt und kann damit Geld verdienen. Wie vielen Menschen ist das schon vergönnt?

Also lebst du in einer rundherum heilen Kabarett-Wohlfühlwelt?

Nein. In den ersten Jahren braucht man ein dickes Fell. Du musst harte Kritik aushalten. Einerseits heißt es, sich abzuschütteln, andererseits bringt es dich weiter. Reibung ist wichtig. Heute höre ich fast ausschließlich auf mich selber. Ich weiß, was und wohin ich will. Wobei ich zugeben muss: Lob kann ich nicht genug kriegen.

Das Interview machst du hervorragend, Binser. Ganz, ganz super. Was war dein eigenartigstes Erlebnis auf der Bühne?

Eine Lebensmittelvergiftung. In München. Vor dem Auftritt war alles ganz normal. Nach einer Dreiviertelstunde ging es los. Ich musste zu Beginn der zweiten Halbzeit abbrechen. Mittlerweile liegen über 1.200 Auftritte hinter mir. Da passiert einiges. Vom Stromausfall bis zum Herzinfarkt im Publikum. Prinzipiell kommt mir Unvorhergesehenes entgegen. Aus dem kaputten Bühnenstrahler wird eine improvisierte Nummer. Eine coole Situation. Wenn extreme Dinge passieren, kannst du nur gewinnen. Zum Beispiel eine Hornissenattacke, die nur mich getroffen hat, weil ich der Einzige war, der im Licht stand.

Wie viel Publikum hast du im Durchschnitt?

Ein voller Wirtshaussaal mit 200 Leuten ist eine gute Größe. Ab und zu sind es 300 oder 400. Ich mag auch was Kleineres wie beim „Hubbi“ in Bad Endorf. Eine meiner Lieblingsbühnen. Da sind im Prinzip 50 Leute schon zu viel. Einfach am Boden aus dem Eck heraus spielen wie in einer Gaststube. Also, wer an so was keine Freude hat.

Hast du ein Lieblingswirtshaus?

Mehrere. Zum Beispiel die beiden in Runding. In der Liederbühne Robinson ist mein Stammtisch. Und die Schlossbrauerei. Das Bier schmeckt spitzenmäßig. Als Bub habe ich dort im Hof Fußball gespielt. Wenn ich unterwegs bin und an einer Brauerei vorbeifahre, erinnert mich der Malz-Geruch immer an meine Kindheit.

Apropos: Wie lange willst du dein „Lausbuben-Image“ noch aufrechterhalten?

Der Wandel kommt von selbst. Das, was ich anfangs gemacht habe und was jetzt, sind schon zwei verschiedene Paar Stiefel. Was mich aktuell beschäftigt, wird zum Programm. Ich suche Kontakt zu möglichst vielen Leuten, um den Gang der Dinge besser zu verstehen. Absichtlich gehe ich an Orte, wo ich normalerweise nicht hinkäme. Zum Beispiel auf ein Amigos-Konzert oder auf ein Feuerwehrfest. Dabei geht's mir um Abläufe und Dynamiken, nicht darum, Leute auszuhorchen oder bloßzustellen. Gegenseitiger Respekt ist eine wichtige Angelegenheit.

Wann hast du das letzte Mal gerauft?

Bestimmt schon 20 Jahre nicht mehr. Wenn man nicht gut darin ist, macht es keinen Sinn.

Wenn ich dich richtig verstehe, ist in gesetztem Alter Reden das bessere Raufen. Dann hau her: Beschreibe den Bayerischen Wald mit nur einem Satz!

Da kann ich mich auch allein daheim fühlen.

Sauber. Und was magst du am Bayerischen Wald?

Die Berge. Ich bin zu einem leidenschaftlichen Wanderer geworden. Früher hielt ich Leute, die den Berg raufrennen, für Narrische. Jetzt ist das für mich eines der schönsten Dinge überhaupt.

Wo bist du gern unterwegs?

Gestern war ich zum Beispiel auf dem Kaitersberg. Die Aussicht war gefühlt zwei Meter. Trotzdem oder vielleicht gerade deshalb ein super Erlebnis. Das ist der Unterschied zu Oberbayern. Da geht man auf den Berg wegen der Fernsicht. Bei uns sieht man nur viele Bäume. Und bei Nebel wenige. An Wochentagen ist man oft mutterseelenallein unterwegs. Wenn ich im Winter auf den Osser gehe, weiß ich, das nächste menschliche Wesen ist eine Stunde entfernt. Schnee und Kälte schlucken jedes Geräusch.

Kein Blätterrauschen, kein Vogelzwitschern. Wo in aller Welt kannst du das sonst erleben. Das ist unheimlich geil.

Was gefällt dir nicht am Bayerischen Wald?

Ich hätte ihn lieber so, wie er früher war. Er ist jetzt schon ein bisschen verdorben. Mir gefällt das Karge, das Arme, das Einfache. Schupfnudeln statt Filet-Steak. Natürlich wandeln sich die Zeiten, aber die zwanghafte Modernisierung, Lichtverschmutzung und Gabionisierung stören mich.

Und die Kommerzialisierung?

Wenn du am Wochenende mit der Gondel den Arber rauffährst, sind da Horden von Menschen. Aus dem Wirtshaus dröhnt dir vormittags um halb zehn der „Anton aus Tirol" entgegen. Das ist nichts für mich. Andererseits kann ich froh sein, dass es den Arber gibt. Wer den Trubel mag, kann dort hingehen. Ich mag es stader.

Schreibst du deine Programme auch im Staden, völlig allein?

Ich mache alles selber. Erst bei Vorpremieren probiere ich am Publikum aus, ob es funktioniert. Apropos Optimierung: Anfangs habe ich keinen Schauspielunterricht genommen, weil ich die Kohle nicht hatte. Heute entscheide ich mich bewusst dagegen, weil ich das Gefühl habe, ich wäre auf der Bühne nicht mehr echt. Auch meine mangelnden Gitarrenkünste waren ein Thema. So ungefähr: Wie kann man denn mit drei Griffen ein ganzes Programm bestreiten? Irgendwann wird eine vordergründige Schwäche zum Markenzeichen. Wenn ich auf einmal ein tolles Solo spielen könnte, würden die Leute sagen: „Ja hat der nichts Besseres zu tun, dass er so viel Zeit zum Üben hat." Ich bewundere es, wenn einer sein Instrument nach allen Regeln der Kunst beherrscht. Lieber ist mir aber der Musikant im Wirtshaus, der mit dem Schifferklavier den ganzen Saal unterhält und dabei vielleicht nicht einmal weiß, was genau er spielt. Ein D oder ein Dis oder was es nicht alles gibt von den Noten her.

Was gefällt dir besser: der geistige Schaffensprozess oder der Bühnenauftritt?

Das Improvisieren auf der Bühne macht am meisten Spaß. Besonders, wenn das Publikum schon vom Lachen high ist. Sie feuern mich an. Wir peitschen uns gegenseitig auf. Ich erreiche einen Nirwana-Zustand, aus dem ich am liebsten nie mehr zurückgeholt werden will. Dafür musste ich einige Hundert Auftritte spielen, bis ich mich so fallen lassen konnte.

Hast du trotzdem manchmal das Gefühl, dass du falsch verstanden wirst oder dass die falschen Leute dich lustig finden?

Nein. Ich lasse mehrmals am Abend aufblitzen, wie ich denke. Ein Rechter wird sich bei mir nicht wohlfühlen. Ich gehe davon aus, dass die auch nicht kommen. Ich mag normale Leute. Das spiegelt sich im Publikum wider.

Bereust du bestimmte Gags im Nachhinein?

Ja. Die Zeiten haben sich geändert. Beim Sexismus werden die Grenzen enger gezogen. Heute ist meine Figur so angelegt, dass sich das Thema von selbst erledigt. Das Schwulsein von Freddy Mercury und König Ludwig auf der Bühne zu thematisieren und damit ins Lächerliche zu ziehen, das würde ich heute auf keinen Fall mehr machen. Damals erkannte ich das nicht als homophob. Jetzt mache ich mir wirklich über jedes einzelne Wort Gedanken. Die Grenze zwischen provokativem Kabarett und verächtlicher Aussage ist ein schmaler Grat. Laut Tucholsky darf Satire alles. Wo man sich in diesem Metier platziert, muss jeder für sich selbst entscheiden. Jeder, der auf der Bühne steht, trägt Verantwortung, hat Vorbildfunktion.

Mit welchem Gefühl soll das Publikum den Saal verlassen?

Ich bin immer enttäuscht, wenn nicht frenetisch die dritte Zugabe gefordert wird. Die Leute sollen danach zu mir kommen und sagen: „Wah, war das heute ein toller Abend." Mein Ziel ist, dass das Publikum glücklich rausgeht. Die meisten Leute lachen nicht mehr. Ein Zuschauer sagte einmal zu mir, dass er 70 Jahre alt sei und sein ganzes Leben lang nicht so viel gelacht habe wie an diesem Abend. Genau das ist es, was ich will.

Kann Kabarett etwas verändern?

Nicht in dem Sinn, dass jemand seine politische Meinung ändert. Aber vielleicht gesellschaftlich. Dass man die Leute dazu bringt, füreinander da zu sein. Dass man wieder mehr miteinander redet. Dass sich die Prioritäten etwas verschieben. Dass nicht nur wirtschaftliche Aspekte und der persönliche Nutzen zählen.

Früher warst du eine linke Socke. Und heute?

Bin ich eine linke Socke. Ich sehe die Probleme mit dem Wohnungsmarkt und der Zweiklassengesellschaft. Das wird immer schlimmer. Jeder, der 40 Stunden arbeitet, muss locker Wohnung und Lebensunterhalt bestreiten können. Egal, ob Automechaniker oder Friseurin oder Bankdirektor. Oder die großen Wohnungsbaugesellschaften, die ihre Mieten nach oben treiben, damit an die Aktionäre höhere Dividenden ausgeschüttet werden können. So was ist nicht in Ordnung. Umweltschutz liegt mir am Herzen. Ich mag die Fridays for Future-Bewegung und das Umdenken, das gerade vor sich geht.

Wie sieht der Bayerische Wald in 50 Jahren aus?

Vor Kurzem habe ich mich mit einem Holzbauern unterhalten. Der sagte, er kann seine Fichten nicht mehr halten. Die sterben in den nächsten zwei, drei Jahren. Der Wald braucht also Baumarten, die unter den jetzigen und künftigen klimatischen Bedingungen gedeihen. Die Fichte kam erst vor etwa 200 Jahren aus Schweden. Ihr wird es einfach zu warm. Irgendwann werden wir zur In-Region. Die Leute merken, im Bayerischen Wald hinten ist es wahnsinnig groovy. Dann kommen sie alle. Mir gefällt, dass die meisten jetzt noch nach Oberbayern fahren und uns in Ruhe lassen. Ich fürchte, das ändert sich. Der Bayerische Wald hat viel Kreativpotential. Der Trend, dass die Leute wegziehen, wird sich umkehren. Schlaue Leute bleiben hier oder kommen zurück. Das wird uns guttun.

Runding ist nur einen Holzhacklwurf von der tschechischen Grenze entfernt. Bist du öfter auf der anderen Seite?

Früher mit 20, 25 sehr oft. Pilsen, Domažlice. Bars, Konzerte, kulinarische Trips, tschechische Knödel. Heute bin ich lieber daheim im Garten oder beim Wandern. Ich finde, die Tschechen sind schon fast so westlich und langweilig geworden wie wir. Mir gefällt der raue Balkan. Serbien fasziniert mich. Da pulsiert das Leben. Bei uns ist jeder abgeklärt, Sicherheit hoch 40, gegen alles versichert, Nichtraucher, Wassertrinker, vegan. Ich ja auch irgendwie. Aber wenn ich in Serbien bin, bin ich wie ein wildes Tier.

Davon habe ich gehört. Die Serben sollen dich ja liebevoll „Бинсер, звер Балкана“, also Binser, die Balkan-Bestie, nennen. Was wäre dein Lieblingsberuf, wenn du kein Kabarett machen könntest?

Gern etwas mit Umwelt. Ein Renaturisierer am allerliebsten. Dass man mir eine Industriebrache übergibt, dazu ein Bild des Areals aus den Fünfzigern und ich dürfte es herrichten, wie es früher ausgesehen hat. Vielleicht auch mit Jugendlichen zusammen etwas auf die Beine zu stellen. Mehr Interesse und Bewusstsein für die Natur wecken. Naturnähe ist meiner Meinung nach von Geburt an vorhanden, bevor das Kind Plastikspielzeug in Plastikverpackungen geschenkt bekommt. Die spielen am liebsten mit einem Stecken, den sie finden, oder draußen im Dreck.

Amen. Zum Ausklang noch ein Lieblings-Trio: Lieblingsalbum, -Platte, -CD?

Zurzeit höre ich viel neuere Musik. Swap-Rag und so. Lieblingsplatte ist „New York" von Lou Reed. Die habe ich mir am öftesten angehört. Und „Keine Macht für niemand" von Rio Reiser war für mich sehr wichtig.

Bester Film?

„Die Verurteilten" mit Morgan Freeman.

Bestes Buch?

„Ein Tag im Leben des Iwan Denissowitsch" von Alexander Solschenizyn. Zweitbestes: „Der Verein, der Metzger und der Tod" vom schwafi.

In der festen Überzeugung, dass sich der Binser bei der letzten Antwort in der Reihenfolge vertan haben muss, verabschiede ich mich ohne Groll und pfeffere den Hörer in die Gabel. Depp. Ein fußnagelgroßer orangefarbener Plastiksplitter verfehlt um wenige Nanometer mein linkes Auge. Dann soll er sich doch das nächste Mal von seinem Solschenizyn interviewen lassen, wenn er den so toll findet.

ORTSCHAFTSLYRIK VON *A* BIS *Z*:

E

Eschlkam

Bronzezeitlich besiedelt.
Dreitausend Jahre her.
Gerundet.
Eckig sogar mehr.
Dreitausendzweihundert.
Angeblich.
Genau.
Ungefähr.
Beil und Sichel gefunden.
Glump.
Hauen und schneiden nicht mehr.

Kleinaign, Großaign, Stachesried,
Schwarzenberg und Warzenried.
Stolze Gemeinden mit klingenden Namen,
bevor sie alle zu Eschl kamen.

Grenzmetropole.
Prost. Zum Wohle.

Heimat lichtloser Mähdrescherlenker,
Sehnsuchtsort leuchtender Dichter und Denker,
an den der große Waldschmidt schrieb:
„Eschlkam, ich hab dich lieb."

LANDES-
GRENZE

F

Furth

Seht ihr den greisen Drachen speien?
Nicht Feuerstöße, keine Flammen.
Das Fabeltier hat sich erbrochen,
weil ihn die Chefs nicht übernahmen.

Einst kam als Held er auf die Bühne
getrieben vom VauWe-Motor.
Aus Pappmaché und mit viel Liebe
gebastelt fuhr er knatternd vor.

Am schwachen Herzen operiert.
Ein Gabelstapler implantiert.
Auf dass er noch recht viele Jahre
dem Drachentod entgegenfahre.

Das hatte man ihm vorgeheuchelt
Er wurde hinterrücks gemeuchelt.

Das Monstrum war zu klein geworden,
zu lieb, zu harmlos für die Welt.
Er wollt' nicht wie Godzilla morden
und wurde ratzfatz ausgestellt.

Vor den Toren schnaubt ein junger,
kraftstrotzender elf Tonnen Drache
mit ausgeprägtem Festspielhunger,
apokalyptisch programmiert.

Fraglich bleibt nur eine Sache:
Ob Udo, heldenhafter Ritter,
im Kampfe nicht den Kopf verliert.
Kreuzbirnbaum, das wäre bitter.

G

Gotteszell

Woher nur rührt der fromme Name
des himmlisch schönen „Gotteszell".
Wurde Herr Gott hier einst verhaftet?
Belästigte er eine Dame
oder fuhr er nur zu schnell?
Und wie hat Gott die Haft verkraftet?

Ist die Zelle noch erhalten,
in die er schuldlos eingesperrt
wurde von Gotteszells Gendarmen?
Von windigen Exekutivgewalten
ins kalte Kerkerloch gezerrt.
Ohne Mitleid, Herz, Erbarmen.

Oder:

Der Scheff der Zisterzienser-Brüder,
Abteilung Kuttenträger-Bande,
war so vom Fasten mitgenommen,
(das Starkbier, die Marienlieder),
dass er sich an den Schöpfer wandte:
„Magst nicht in meine Zelle kommen?"
Der: „Höchstens auf zwei Mass, mein Lieber."

H

Hohenwart

Houerwoat
Wei san deine Winter hoat.
Wei san deine Summer woam.
Houerwoat, des hoißt „dahoam".

Houerwoat
Nirgands is so sche wei doat,
wous oam glei as Herz oriart,
wemma s behmisch Lifterl gschbiat.

Houerwoat
Koaner mecht mehr vo dir foat.
Wei sche bist mit dem Kircherl gleng.
Da weiße Reng rauscht glei danem.
Kaiterberg und Houer Bong
san a Gschenk. Do brauchst ned frong.
Houerwoat, du bist mei Lem.
Wos dade do, dads di ned gem?

IM BETT MIT DEM MÜHLHIASL

Das Orakel von Delphi, Nostradamus, Mühlhiasl. Diese Namen stehen für Prophezeiungen mit Qualitätsgarantie. Sie unterscheiden sich grundlegend von Seherinnen und Sehern der zweiten und dritten Garde wie Edgar Cayce, Baba Wanga und Elizabeth Teissier. Während das Orakel von Delphi in der Antike befragt wurde und Nostradamus sich mit etwas gutem Willen dem Mittelalter zuordnen lässt, stellt der Mühlhiasl das einzige lebende Exemplar des strahlenden Seher-Dreigestirns dar. Im Gegensatz zu früher erteilt er jedoch nur noch selten und widerwillig Auskunft.

Seine Zurückgezogenheit und sein Misstrauen der Außenwelt gegenüber ließen es anfangs mehr als fraglich erscheinen, ob mein Treffen mit dem Mühlhiasl jemals zustande kommen würde. Über 12 Jahre dauerte es, bis sein Aufenthaltsort ausfindig gemacht und ein erster Briefkontakt hergestellt werden konnte. Weitere 4 Jahre, bis es zum Interview kam. Die Vorbereitungen erforderten extremes Feingefühl, um das gewonnene Vertrauen nicht aufs Spiel zu setzen. Andererseits standen wir unter enormem Zeitdruck, da der Mühlhiasl zum Zeitpunkt der Recherche nicht mehr der Jüngste war und, wie er uns später verriet, er per Patientenverfügung der Anwendung lebensverlängernder Maßnahmen explizit widersprochen hatte.

Um ihn am Tag der Tage nicht mit unnötigen Fragen zu belästigen, durchforstete ich vorab alle öffentlich zugänglichen Mühlhiasl-Abhandlungen auf vertrauenswürdige Informationen. Mehr als eine Handvoll unwiderlegbarer Sachverhalte blieb am Ende nicht übrig: Er kam als 5. Kind von Mathias und Maria Lang (geb. Iglberger) zur Welt. Sein

Geburtsort Apoig existiert heute nicht mehr. Pater Johannes Nepomuk Altmann taufte ihn im Kloster Windberg auf den Namen Matthäus. Die Eltern wohnten in einer Mühle. Daher könnte sein Name kommen. Mühlhiasls Mutter starb früh. Der Vater nahm sich eine jüngere Frau, weil er wegen eines Rückenleidens die Arbeit in der Mühle nicht mehr allein bewältigen konnte. Mit ihr zeugte er 3 weitere Kinder. Der Mühlhiasl absolvierte eine Ausbildung zum Müller. Mit 25 Jahren heiratete er Barbara Lorenz, schwängerte sie 8-fach und egalisierte damit den Fruchtbarkeitsrekord seines Vaters.

Vom Tuten und Blasen in einer Müllerei hatte er offensichtlich trotz Gesellenbrief keine Ahnung. Er konnte die Spreu nicht vom Weizen unterscheiden, kaufte verdorbenes Getreide und verschuldete sich. Von den Mönchen im Kloster Windberg, denen ein übler Ruf als Immobilienhaie voraus- und nacheilte, lieh er sich Geld. Er konnte es nicht zurückzahlen. Die Mönche warfen ihn zugunsten eines auswärtigen Investors aus der Mühle. Als er verjagt wurde, spuckte er auf die Schwelle des Klostertors, formte die Hände zu einem Trichter und schrie zornig eine Prophezeiung hinaus, die den Ordensbrüdern Schrecken einjagte: „Gut, ich geh, ihr gräuslichen Teufel im Herrgottsgwandt, aber so wie ihr mich von der Mühl jagt, so werden Leut über euch kommen, die euch die Kreuzketten vom Hals reißen und aus dem Kloster jagen, dass keiner von euch mehr eine Heimat hat auf lange Zeit und in Ewigkeit, Amen."

2 Jahre später wurden im Zuge der Säkularisierung die Windberger Patres für immer aus dem Kloster vertrieben. Doch auch der Mühlhiasl hatte keine Heimat mehr. Und kein Geld. Seine Frau verließ ihn. Sie zog zu ihren Eltern zurück. Mit seinem Bruder stritt er in der Öffentlichkeit

bis aufs Messer. Er konnte sich nicht mehr in der Gegend blicken lassen.

Der Wald wurde seine Heimat. Er arbeitete als Mühlenrichter, Viehknecht und Kohlenbrenner, bis er der ehemaligen CTO der Unternehmensberatung McPricewaterhouse-CoopersShareholderSolutions AG begegnete.

Juliette Maier hatte sich erst kürzlich als Drittwohnsitz eine Hangvilla ins Naturschutzgebiet bauen lassen. Als sie auf den Mühlhiasl traf, befand sie sich auf der Rückwanderung vom Blaibacher Stausee, in dem sie jeden Morgen ein paar Runden schwamm, um mit der Natur ihrer neuen Wahlheimat seelisch und körperlich eins zu werden. Der Mühlhiasl verrichtete am Wegesrand an einer Buche seine Notdurft. „Guter Mann", sprach ihn die attraktive Frührentnerin an, „befürchten Sie nicht, dass ein Gewitter hereinbricht, der Blitz in den Baum einschlägt und die tödliche elektrische Energie beim Wasserlassen auf ihren Körper übergeleitet wird?"

„Eiche weiche, Buche suche", antwortete der Mühlhiasl.

Mit dem untrüglichen Blick einer Business-Expertin erkannte Juliette sofort Mühlhiasls Fähigkeiten. Der Mann wusste, wovon er sprach. Schließlich gehörte die Eiche früher gleichberechtigt zum Baumbestand des Bayerischen Waldes. (Sie hatte im Laufe der Zeit anderen Arten weichen müssen.) Und er war allem Anschein nach in der Lage, seine visionären Fähigkeiten in kurze, prägnante Botschaften umzumünzen. Sie nahm ihn mit nach Hause und schlug ihm eine Business-Partnership vor.

An dieser Stelle reißen die Berichte aller glaubwürdigen Quellen ab. Unserer Redaktion sollte es vergönnt sein, die glorreiche Vita des Mühlhiasl zu vervollständigen und weiterzuschreiben.

Mühlhiasls Büro sandte uns zwei Wochen vor dem Tag X einen 150-seitigen Vertrag zur Unterschrift zu. Die wichtigsten Klauseln daraus lauteten:

- Matthäus Lang, genannt Mühlhiasl, erklärt sich bereit, einer Einzelperson Rede und Antwort zu stehen.
- Film- und Tonaufnahmen sind strikt verboten.
- Matthäus Lang wird für die Dauer von 120 Minuten exklusiv zur Verfügung gestellt, beginnend am Totensonntag um 14 Uhr, aber frühestens mit dem Betreten des dafür vorgesehenen Raumes durch den Vertragspartner. Etwaige Verspätungen werden von der vereinbarten Gesamtdauer abgezogen, gehen zulasten des Vertragspartners und bedingen keine Verlängerung.
- Über den Ort des Treffens ist Stillschweigen zu bewahren. Auch Andeutungen oder versteckte Hinweise führen zu einer Konventionalstrafe in Höhe der 5-fachen Vertragssumme.
- Verunglimpfungen der Person selbst sowie seines Aufenthaltsortes und eigenmächtige Verfälschungen des Dialogs sind zu unterlassen. Vor Veröffentlichung ist uns eine Blaupause zur Freigabe bzw. Korrektur zuzusenden.
- Die Auftragssumme ist in einem Stück und im Voraus auf das am Vertragsende angegebene Nummernkonto zu überweisen.
- Aufgrund der Gebrechlichkeit und Schwerhörigkeit von Herrn Lang hat das Treffen in seinem Bett stattzufinden. Der Interviewer liegt dabei auf der rechten Seite, am besseren Ohr von Herrn Lang.

„Nein, das werde ich auf keinen Fall machen!“, entrüstete ich mich in der kurzfristig einberufenen Redaktionssitzung.

„Ich werde mich nicht zu einem steinalten Mann ins Bett legen. Der Verlag unterliegt meines Wissens einer gewissen Fürsorgepflicht seinen Angestellten gegenüber. Wer sind wir denn? Das Neue Blatt? Die Bildzeitung?“

Der Chefredakteur beschwichtigte mich, indem er beide Handflächen auf Brusthöhe rhythmisch nach unten drückte, als wolle er mit einfühlsamer Herzmassage Erste Hilfe leisten: „Werter Kollege, sehen Sie es doch positiv. Think positiv. Wie viele Leser hat die Bildzeitung und wie viele haben wir? Vielleicht wird die Mühlhiasl-Story ja Ihr großer Wurf und unsere Verkaufszahlen schnellen in die Höhe. Highscore. Das Zeug dazu hätten Sie. Just make it.“

„Das ist lächerlich. Sie drücken mir diese Bett-Geschichte bloß aufs Auge, weil sie keinen anderen Deppen finden.“

Der Chef wurde ernst: „Sie haben in den dreißig Jahren, die Sie hier arbeiten, nichts gelernt. Die Zeiten ändern sich. Times are a-changing. Nach Ihren Berichten über Politfilz und Spendenaffären kräht kein Hahn mehr. Warum laufen uns wohl die Leser davon? Wegen Schnarchzapfen wie Ihnen, die sich selbst für den Nabel der Welt halten und nicht die geringste Flexibility an den Tag legen. Was wir brauchen, sind Neuigkeiten, News, bei denen es den Abonnenten das Blech weghaut.“

„Und der Mühlhiasl soll so eine News sein. Ein Waldschrat, über den unzählige Bücher geschrieben und unsägliche Pamphlete verfasst worden sind. Dass ich nicht lache.“

„Sind Sie wirklich so schwer von Begriff, Kollege? Es geht einzig und allein um die ansprechende Verpackung. Wrapping. Das Auge liest mit, sozusagen. Je attraktiver wir das Gesamtpaket gestalten, desto weniger relevant wird der eigentliche Inhalt. Sie sollten sich endlich einmal mit den modernen Rezeptionsmechanismen in den Communities befassen, sonst fährt der Zug ohne Sie weiter. Connection lost."

Ich durfte nicht zu aggressiv werden. Als Einziger im Team profitierte ich von den Segnungen der letzten DJV-Tarifvereinbarung. Alle anderen waren Kinder. Babys. Praktikanten oder Dualstudenten, die Axel Springer für einen Reitsport-Olympiasieger und Rudolf Augstein für eine kalkablagerungsbedingte Sehstörung hielten. Sie waren unfähig. Ich aber lag der Firma am meisten auf der Tasche. Sie würden bei sich bietender Gelegenheit versuchen, mich loszukriegen. Vielleicht hofften sie, dass der Mühlhiasl das Zeitliche segnet, während ich mit ihm im Bett liege. Dann könnten sie mir Perversionen bis hin zur Leichenschändung unterjubeln und mich bei geviertelten Bezügen in den vorzeitigen Ruhestand verabschieden. Dazu groß auf der Titelseite: *„Monsterreporter S. stranguliert Bayerwaldlegende M.*" Am nächsten Tag würden sie ekelhafte Details dazuerfinden, mich mit vollem Namen und Adresse nennen und sich tags darauf für den Fehler entschuldigen. Dann einen Riesenreibach mit dem Rechteverkauf an Fox News und CNN machen.

Viele gute Gründe, kleinlaut zu werden und die Taktik zu ändern: „Was halten Sie von einem Kompromiss, Chef? Ich sitze während des Interviews neben dem Mühlhiasl auf einer Couch. Gern kann ich uns eine leichte Tagesdecke über die Oberschenkel legen, wenn es der journalistischen Sache und den Verkaufszahlen dient."

„No compromises! Kompromisse sind etwas für Feiglinge. Wir ziehen das strictly durch. Ich kann mir sogar vorstellen, dass das der große Durchbruch für Sie wird. Denken Sie an den Film ‚In Bed with Madonna'. Die hat jetzt 850 Millionen auf der hohen Kante."

„Schon, aber nur weil sie im Film verbotenermaßen eine Masturbation vorgetäuscht hat, und das möchte ich auf keinen Fall. Ich will überhaupt nichts Sexuelles."

„Richtig. Ganz meiner Meinung. Erotik hat in dieser Story nichts zu suchen. Ich stelle mir eher etwas in Richtung friedliche Bayerwaldromantik vor. Die Message muss rüberkommen, dass der Mühlhiasl trotz seiner Berühmtheit ein sympathischer Kerl geblieben ist. Vielleicht lassen wir seine Weltuntergangsprophezeiungen ganz unter den Tisch fallen - beziehungsweise unters Bett, haha. Orientieren Sie sich mehr an John Lennon und Yoko Ono mit ihrem Bed-in. Da ging es um den Weltfrieden. Give peace a chance. 7 Tage lagen die für den Weltfrieden vor versammelter Presse miteinander im Bett. Und Sie zieren sich wegen zwei Stunden."

„Die waren aber verheiratet."

„Ach, kommen Sie. Gehen Sie raus, packen Sie ihren Schlafanzug ein und verändern Sie die Welt! Sie haben es drauf."

Totensonntag, 12:57 Uhr

Mit laufendem Motor warte ich vor dem Verlagsgebäude. Der Bote ist für 13 Uhr angekündigt. Auf die Sekunde pünktlich huscht ein vermummter Mountainbiker vorbei und wirft einen Umschlag durchs halb geöffnete Beifahrerfenster. Der Brief entspricht hohen Sicherheitsnormen, wie sie auch bei der Zusendung von PIN-Codes und Bankkarten Verwendung finden. Erst das Aufreißen der seitlichen Perforation erlaubt es, das dreifach gefalzte

Dokument auszuwickeln und an den von rechts nach links zu lesenden Code zu kommen. Den virtuellen Enigma-Entschlüsselungsroboter aus dem Playstore habe ich bereits am Handy aufgerufen. Ich tippe die Zahlenkolonne ein, er wirft die Koordinaten 48°57′00″ N, 12°43′59″ O aus. Ich spreche sie ins Navi und fahre los.

Eine Fahrzeit von 45 Minuten ist angegeben. Die Dame scheint mit den hiesigen Verhältnissen nicht vertraut zu sein. Ihre Route führt über die A3, wo abwechselnd Brückenbauarbeiten und Schwertransporterunfälle die Fahrspuren verstopfen. Eine Verspätung würde meinen Arbeitgeber Millionen kosten. Das Ignorieren sämtlicher Geschwindigkeitsbegrenzungen erlaubt es mir, die Autobahn zwei Minuten früher zu verlassen als prognostiziert.

Der Name des Zielorts scheint auf keiner Karte verzeichnet zu sein. Ich spüre jedoch instinktiv, dass ich mich in Niederbayern befinde. Die Staatsstraße 2139 bringt mich den Koordinaten Meter für Meter näher. Rechts und links meine ich, kleine buckelige Männer durch die Straßengräben huschen zu sehen. Immer wenn ich genauer hinschaue, sind sie weg. Eine waidlerische Fata Morgana?

Dann ein Schlag, als ob ein Wildschwein vor die Stoßstange gelaufen wäre. Im Rückspiegel sehe ich eine der bedauernswerten Kreaturen liegen. Ich hatte mich nicht getäuscht. Die Zeit ist zu knapp, als dass ich den Rückwärtsgang einlegen und den Unfallgegner im Zweifelsfall von seinem Leiden erlösen könnte. „Sie haben ihr Ziel in 500 Metern erreicht", lässt mich das Navi wissen.

Ich bin aufgeregt. Rechts steht ein überdachtes, liebevoll zusammengenageltes Holzbretterkonstrukt, auf dem steht: Willkommen in Hunderdorf, der Heimat des Mühlhiasl. Ihm folgt ein offizielles, verkehrsgelbes „Hunderdorf Lk. Straubing-Bogen". Ich erinnere mich. Damals im Heimatunterricht bei Frau Achter hatte sich jeder Schüler einen Ort aussuchen dürfen, dessen Geschichte er auswendig lernen und dann vortragen sollte. Meine Wahl fiel auf Hunderdorf, weil dessen Historie in weniger als einer halben Minute abgehandelt war. „Eine Schenkungsurkunde des Friedrich von Winneberg und Aschwin zu Zeitldorn hat schon im Jahr 1065 den Ort Hunderdorf erwähnt. Die erste Kirche wurde 1359 erbaut", leierte ich mein kompaktes Wissen vor der Klasse herunter und erntet von Frau Achter einen Vierer dafür. Immerhin.

Jetzt, ein Dreiviertelleben später, darf ich erfahren, dass es Hunderdorf wirklich gibt. Nicht für die Schule, sondern für das Leben lernen wir. Noch 50 Meter, noch 10, 3, 2, 1. Ich parke auf dem Apoiger Platz. „Sie haben Ihr Ziel erreicht." Verdammt. Jeglicher Hinweis auf meinen Interviewpartner fehlt. Keine urige Mühlhiaslhütte, kein Hier-wahrsagt-der-echte-Mühlhiasl-Wegweiser, kein Mühlhiasl-Meetingpoint für mehrsprachige Mühlhiaslgedächtnisführungen. Linkerhand ein für die Region atypisches Gebäude, das architektonisch dem Pariser Moulin Rouge nachempfunden ist. Lang verschollene postpubertäre Frankreich-Urlaubserinnerungen kommen hoch. Ich läute, um nach dem Weg zu fragen.

Bei aller Nostalgie bin ich froh, dass die junge Frau, die mir die Tür öffnet, mehr als einen Miesmuscheltanga und Lametta-Brustquasten trägt. Hellblaues Kostüm. Ein großes violettes M ans Revers gestickt. Dann: wie Schuppen von den Augen. Die Gebäudefassade stellt eine weitere Chiffrierung in Rahmen der überzogenen Mühlhiasl-Geheimniskrämerei dar. Moulin heißt zu Deutsch Mühle. In der Mühle arbeitet der Müller. Und was war der Mühlhiasl gleich wieder von Beruf? Bingo. Mit einem blasierten Gesichtsausdruck versuche ich meine Begriffsstutzigkeit zu übertünchen.

„Sie kommen spät."

„Aber es ist doch erst zehn vor."

„Ich sagte nicht zu spät. Ich sagte spät. Folgen Sie mir!"

Als wir durch eine Art Lagerraum in den hinteren Bereich des Gebäudes gehen, weist sie mich darauf hin, dass ich als Geschäftspartner 20 Prozent Rabatt auf alle Mühlhiasl-

Devotionalien erhalte. „Für Normalsterbliche sind diese Fanartikel ausschließlich im exklusiven Mühlhiasl-Onlineshop bestellbar. Auf die Hunderdorfer Schneekugel kann ich Ihnen sogar ‚Buy 2 get 1 free' anbieten. Abverkauf. Wegen des Klimawandels. Sie verstehen?"

Sie stoppt an einer der Türen zu beiden Seiten des Flurs. Zweifel und ein beklemmendes Gefühl machen sich in mir breit. Sind wir Betrügern auf den Leim gegangen? Ganoven, Banditen, eiskalten Verbrechern? Befindet sich in jedem der Zimmer ein anderer Laienschauspieler, den sie gutgläubigen Journalisten für teures Geld als echten Mühlhiasl verkaufen?

„Es ist nicht so, wie Sie denken", liest sie meine Gedanken, „es gibt nur den Einen."

Zum Beweis öffnet sie andere Türen für mich. Abstell-, Kopier- und weitere Lagerräume, Toiletten, Besenkammer. Mir fällt ein Stein vom Herzen.

Sie klopft. Eine brüchige Stimme antwortet: „Is denn schon so weit, dass es so weit is?"

Sie flüstert: „So, ich lasse Sie jetzt allein. Am besten Sie kuscheln sich einfach nah an ihn ran. Das mag er. Ihm ist oft kalt. Je wohler er sich fühlt, desto mehr erfahren Sie. Die Zeit läuft."

„Sie gehen nicht mit rein?"

Stumm öffnet sie die Tür.Der wahrhaftige Mühlhiasl liegt vor mir. Er erinnert mich stark an den Ötzi im Bozener Archäologiemuseum, wirkt aber weniger vital. Ich ziehe die Schuhe aus, krieche zu ihm unter die Decke, suche eine Position, in der mein Mund möglichst nah an sein Ohr kommt, und stelle mich als ehrenwerter Reporter alter Schule vor. Obwohl meine Lippen seine Ohrmuschelbehaarung berühren, reagiert er nicht. Ich krabble vorsichtig über ihn hinüber, versuche es auf der anderen Seite und lauter.

„Die Welt ist verloren, wenn die Zeitungen elektrisch werden und nur noch fauliges Glump drin steht von gscherte Leut, die ihr Lebtag noch nix gearbeitet haben“, antwortet er.

Herr Lang, schön dass Sie sich heute Zeit für mich nehmen. Vielleicht sollten wir zu Beginn ein paar biografische Eckdaten klären. Bezüglich Ihres Alters sind die Grenzen zwischen Wahrheit und Legende leider sehr aufgeweicht. Wann sind Sie geboren?

Der Wind ist um die Häuser gsaust und die Bäum haben ihre Äst in den Himmel gstreckt wie der Bauer seine stinkige Mistgabel. Der gwamperte Franzos ist vorbeimarschiert. Die Orden hat er aufs Trottoir gschmissn und Blut hat es aus den Wolken geregnet, dass die Kirchtürm zammgfalln sind wie vom Blitz troffen.

So um die Zeit Napoleons also, wenn ich Sie recht verstehe.

Nedda. Ein großes fauliges Wasser ist den Berg runtergschossn und dersaufen haben alle müssen, die davon trunken haben. Und wer ned davon trunken hat, ist elendiglich verdurst.

Gut. Vielleicht lassen wir das. Eine Ihrer Prophezeiungen lautete: „Und de Särg werden sich stapeln auf die Felder und die Wiesen, wenn einer hinterrucks auf der Erden einer Maus, die Flügel hat und mit dem Schädel nach unt schlaft, den Kopf abbeißt." Haben Sie damals die Ausbreitung von Pandemien vorausgesehen oder wollten Sie damit auf die jugendgefährdenden Bühnenshows der Hardrock-Bands in den 1970er-Jahren hinweisen?

Der Sonntag wird schwarz werden und bloß mehr ein Samstag gewesn sein und d Leut werden nimmer wissen, wann sie beten sollen und wann tanzn. Wenn sich die kleinen Leut Häuser baun, die wo ausschaun wie beim Italiener und beim Araber, dann dauert's nimmer lang.

Sie, Herr Lang, sind ja als großer Bayerwald-Prophet in die Geschichte eingegangen. Was antworten Sie Leuten, die behaupten, dass Hunderdorf genau genommen gar nicht zum Bayerischen Wald gehört?

Eine blecherne Sau wird kommen und Zähn wird sie haben, die so weit aus ihr raus-stehn, dass die Angst die Leut am Krawattl packt, dass ihnen das Schnaufen vergeht. Keiner wird mehr falsch reden, wenn er das Maul aufreißt, im Himmel und auf Erden, gebenedeite Frucht seines Leibes, Jessas, Amen.

Wie stehen Sie eigentlich zur aktuellen Gender-Debatte. Sie behaupteten vor einigen Jahren, dass die Welt unterginge, wenn, ich zitiere, „man Mandl und Weibl nimmer auseinanderkennt". Seitdem wurden Sie zur Zielscheibe von Anfeindungen besonders aus dem Umfeld der LSBTIQ-, also der Lesben-, Schwulen-, Bisexuellen-, Trans*- und Inter*-Organisationen. Wollen Sie Ihre Aussage heute revidieren?

Tut mir leid. Ich möchte diesbezüglich keine Aussage treffen. Inzwischen liegt der Anteil an Touristen in Hunderdorf, die sich nicht eindeutig dem männlichen oder weiblichen Geschlecht zuordnen lassen, bei 12,4 %. Wenn ich meine Prophezeiung wiederholte und mir das in gewissen Kreisen übel genommen würde, gefährdete ich damit einen nicht unerheblichen Teil unseres Fremdenverkehrspotenzials. Uns kleinen Gemeinden geht es in diesen Zeiten nicht gut, wissen Sie.

Was war das denn? Sie können ja ganz normal sprechen und nicht nur verschwurbeltes Zeug labern.

Natürlich. Sie liegen doch nicht neben einem Idioten. Ich bin eine Kunstfigur. Die unverbindliche und schwer verständliche Ausdrucksweise gehört zu meinem Image wie das Palim Palim zu Dieter Hallervorden und die Fettschwarte zu Cindy aus Marzahn. Der Fan mag das Blöde. Dann kommt er sich selbst gescheiter vor. Er will auch nichts von Schwulen und Lesben hören. Das ist ihm zu anstrengend. Sogar wenn er, sie, es selbst schwul, lesbisch oder sonst was ist, mögen sie es nicht. Also weiter.

Jetzt bin ich perplex. Sind Sie dann überhaupt der echte Mühlhiasl, wenn sie bloß so tun, als ob Sie der wären, für den die Leute Sie halten? Ist jemand der Mensch, der er zu sein vorgibt, wenn er sich selbst spielt?

Wer sollte er denn sonst sein?

Danke.

DIE EISENFUSSHEXE VOM RACHELSEE

Es begab sich am 21. April 1746, dass Valentin Freiherr von Weikel, der sich selbst „Vequel“ nannte, weil das Französische seiner Meinung nach elitärer klang als das fantasie- und emotionslose Deutsche, sich durch Heirat eines der ältesten Schlösser des Bayerischen Waldes einverleibte. Schloss Ramelsberg bei Schönberg. Er ehelichte Gräfin Maria Franziska Genoveva Drexl, die dem Namenswechsel zu Vequel ebenfalls einiges abgewinnen konnte, weil ihr Geburtsname von Schutzbefohlenen und Angestellten gern in Drecksluder abgewandelt wurde. Das kam nicht von ungefähr. Franziska hatte es sich redlich verdient. Wenn hungrige Bettler ans Schlosstor klopften, verfütterte sie die Essensreste vor deren Augen an die Schweine. Ließ die Magd einen Teller fallen, schmorte sie dafür wochenlang im Kerker. Von Neid und Gier zerfressen erhob Franziska Steuern, die das Volk ins Elend trieben, während sie selbst in Saus und Braus lebte.

An ihrem 60. Geburtstag verstarb Maria Franziska Genoveva Gräfin von Vequel zur Freude aller, die mit ihr zu tun hatten, nach kurzer qualvoller Krankheit bei Tische. Ihr Ehemann, der Schlossherr, galt nicht nur als Bewunderer der französischen Sprache, sondern auch als glühender Verehrer selbiger Küche. Eine seiner weiteren Passionen lag in der Gärtnerei. Er liebte jegliche Art von Hahnenfußgewächsen, besonders aber den Blauen Eisenhut. Die Eisenhutstauden tauchten die Rabatten des Schlossgartens jeden Sommer in ein feierliches Violett.

Vequel wusste selbstverständlich, dass bereits zwei Gramm der Pflanzenwurzel oder des Samens einen Menschen ins

Jenseits befördern konnten. Nach einem der zahllosen ehelichen Zwiste – meist ging es um die feschen Dörflerinnen aus Schönberg, mit denen er vom Gartenpavillon aus Sterne zu beobachten pflegte – hatte er beschlossen, aus seinen botanischen Kenntnissen praktischen Nutzen zu ziehen. Er wies den Küchenchef an, vor der Foie Gras, dem Bœuf Bourguignon samt Gratin Dauphinois und der Crème brûlée eine Bouillabaisse zu servieren. In die klassische Rouille zur Fischsuppe sollte er allerdings nicht wie üblich zwei Knoblauchzehen reiben, sondern zwei ganze Knollen. Vequel wollte sicher gehen, dass seine Gattin den bitteren Geschmack des pflanzlichen Gifts keinesfalls wahrnehmen würde.

Bereits nach dem zweiten Löffel beschwerte sie sich über ein leichtes, sich stetig steigerndes Prickeln der Lippen. Dann wurden sie taub. Was die Schlossherrin nicht davon abhielt, lautstark über Ohrensausen, Schwindel und Herzpochen zu wehklagen, bevor sie sich aufgrund ihrer gelähmten Zunge diesbezüglich nicht mehr äußern konnte und mit Darmkoliken auf dem Boden krümmte. Schwere Krämpfe lösten unnatürliche Verrenkungen der Glieder aus, das Gesicht verzerrte sich zu einer noch hässlicheren Fratze, der Körper verlor über Öffnungen und Poren Flüssigkeiten verschiedenster Konsistenz.

Ihr Gemahl ließ sie zusehen, wie die restlichen Gänge aufgetragen wurden. Verspeist wurden sie genüsslich von ihm allein. Erst an der Käseplatte durfte sie wieder teilhaben. Mit den Worten „Vive la France" drückte er ihr 150 Gramm Roquefort in den kalten Schweiß ihres brünetten Oberlippenflaums, erhob sein Glas Médoc und gleichzeitig seine Stimme zu einem pathetischen: „Au revoir. Non! Adieu!" Das Weinglas ließ er mit einem kräftigen Wurf über seine rechte Schulter an der Natursteinmauer des Speisesaals zerschellen.

Das verhasste Weib war tot.

Niemand trauerte um sie. Die Menschen feierten, tanzten und jubelten auf den Straßen. Der Graf organisierte eine prunkvolle Beisetzung, auf dass die alte Pfennigfuchserin sich vor Ärger noch im Grabe umdrehen sollte. Der handgeschnitzte und mit Edelsteinen besetzte Eichenholzsarg wurde auf eine prächtig geschmückte Kutsche geladen, die vier schwarze, auf Hochglanz gestriegelte Hengste zum Friedhof ziehen sollten.

Es war ein herrlicher, sonniger Morgen. Die Menschen säumten aufs Feinste herausgeputzt die Wege vor Schloss Ramelsberg. Der Witwer gab beschwingt ein Handzeichen. Der Kutscher schnalzte mit der Peitsche, die Pferde legten sich ins Zaumzeug – doch das Gefährt bewegte sich keinen Millimeter. Die Hengste wieherten, bäumten sich auf. Ihre Hufe scharrten durch, als hielte eine unsichtbare Macht den Wagen zurück. Dunkle Wolken zogen über dem Schloss auf. Ängstlich starrte die Trauergemeinde nach oben. Der Himmel verdüsterte sich. Doch nun waren es keine Wolken mehr, sondern ein schier unendlicher Krähenschwarm, der vom Großen Rachel herüberzog. Er brachte eine eisige Kälte mit, die Mensch und Tier das Blut in den Adern gefrieren ließ. Mit ohrenbetäubendem Krächzen stürzten sich die Krähen auf den Sarg. Die Luft schwarz von Flügeln, Federn und Schnäbeln. Da nahm der Kutscher seinen ganzen Mut zusammen, sprang auf, ließ die Peitsche ein zweites Mal knallen und schrie: „Cornices abite!“ Er wunderte sich. Schließlich konnte er weder lesen noch schreiben, geschweige denn eine Fremdsprache. Und nun redete er lateinisch mit Vögeln.

Die Krähen verstanden und flatterten auf, als hätte Satan selbst es ihnen befohlen. Sie flogen zurück in die Richtung, aus der sie gekommen waren, erst in fliehender Hast, dann mit immer langsameren Flügelschlägen. Wie ein samtener Schleier verschwanden sie in der Ferne hinter den Hügeln.

Die Sonne strahlte wieder vom wolkenlosen Himmel und wärmte die gefrorenen Herzen. Ein drittes Mal knallte die Peitsche. Die Rösser zogen an. Der Wagen setzte sich mit einer Leichtigkeit in Bewegung, dass die Leute fürchteten, er führe einen leeren Sarg zum Friedhof und die böse Gräfin würde sie bald wieder heimsuchen.

Die Bestattungszeremonie war kurz. Niemand hatte sich bereitgefunden, eine Trauerrede zu Ehren der Verstorbenen zu halten. Stattdessen wurde ihr Ableben mit einem großen Leichenschmaus bei freiem Essen und Trinken gewürdigt. Ein rundherum gelungenes Fest. Einzig die Rauferei zwischen Pfarrer und Kutscher trübte die überschwängliche Stimmung ein wenig. Der Geistliche hatte seinen Kontrahenten beim Kragen gepackt und angebrüllt, was er sich herausnehme, sich in der Sprache der Kirche auszudrücken. Schließlich sei das Lateinische ausschließlich Gottesdienern vorbehalten und nicht dem niederen Volke. Schon gar nicht einem, der den lieben langen Tag vom Kutschbock aus den Pferden bei der Apfelproduktion zusehe. Der Kutscher wiederum meinte, der Geistliche solle sich zum Teufel scheren und nicht so viel saufen, wenn er doch wisse, dass er schon nach zwei Blutwurz das Alte nicht mehr vom Neuen Testament unterscheiden könne.

Tage, Wochen, Monate zogen ins Land. Rund um Schloss Ramelsberg kehrte Ruhe und Frieden ein. Die Gräfin geriet allmählich in Vergessenheit.

Am ersten Jahrestag ihres Todes aber bewahrheiteten sich die düsteren Vorahnungen einiger Trauergäste. Magd Anna war gerade von der Morgenmesse ins Schloss zurückgekehrt, da hörte sie ein lautes Quieken aus dem Schweinestall. Als sie zum Dachfirst hinaufsah, saß dort ein riesiger Rabe, der die Flügel ausbreitete, sie mit funkelnden Augen fixierte und hinunterkrächzte: „Hüte dich, krah, das Böse ist zurück, krah, und wird nicht mehr weichen."

Anna bebte. Trotzdem drückte sie mutig die quietschende Stalltür auf und ging hinein. Die Schweine quiekten noch aufgeregter und lauter als zuvor. Ihr Gebetsbuch wie einen Schild erhoben und mit zitternder Stimme das Gegrüßetseistdumaria murmelnd wagte sich die Magd Schritt für Schritt tiefer in den Stall. Da sah sie, wie sich ihre ehemalige Herrin nackt zwischen den Schweinen im Dreck suhlte und mit irrem Lachen die von den Tieren verschmähten Kartoffelschalen abnagte. Die Gräfin hielt ihr das angeschimmelte Schweinefutter mit ausgestrecktem Arm entgegen, ihre wahnsinnigen Augen gafften durch die Magd hindurch.

Anna ließ das Gebetbuch fallen, stürzte aus dem Stall und rannte zu ihrem Dienstherrn. Der Graf lag noch im Bett, fackelte aber nicht lange. Er stand auf, bat seine Mätresse, ihn kurz zu entschuldigen, warf den schweren Brokatmorgenmantel über und begleitete Anna zurück in den Stall. Er dachte, dass die Magd halluziniert habe. Der viele Weihrauch in der Kirche konnte der Wahrnehmung nicht zuträglich sein. Dann sah er es mit eigenen Augen. Seine verstorbene Gattin hatte sich mittlerweile auf ein Schwein gelegt, streichelte ihm den Bauch, fütterte es und sprach es mit „Valentin" an.

Verstört rang der Schlossherr um Worte: „Schön, dass du wieder da bist, Liebes. Warte, ich lasse dir aus der Küche etwas Ordentliches zu essen bringen."

Den Servierwagen jedoch, auf dem wenige Minuten später ein reichliches Frühstück hereingefahren wurde, stieß die Gräfin mit den Füßen um und grunzte ihren Witwer feindselig an.

„Wir brauchen einen Geistlichen", wusste Vequel, was die Stunde geschlagen hatte.

„Mit Werkzeug?", fragte Anna sicherheitshalber nach.

Der Priester brachte den schweren Koffer mit. Das tat er immer, wenn er nicht genau wusste, ob es sich nur um verirrte Geister oder um vom Teufel besessene Untote handelte. Er besprengte das Herzstück seiner Instrumentensammlung, ein angespitztes, gusseisernes Kreuz, mit Altöttinger Weihwasser, rammte es der Gräfin durch die Brust und sang mit mehreren diabolischen Stimmen gleichzeitig den Austreibungschoral:

„Heg, heg, heg
Eeslechar ned ni heg
Bielb, bielb, bielb
Biew sesöb netnu feit
Nien, nien, nien
Niewsch ud, kcüruz ein rhek."

Graf und Magd sahen sich fragend an. Auch der Priester selbst war sich nicht sicher, ob er den Spruch noch richtig in Erinnerung hatte. Als Exorzist befand er sich längst in Rente und hatte seit mehr als zehn Jahren keine amtliche Austreibung mehr durchgeführt. Diese hier übernahm er lediglich dem Grafen zuliebe, der ihm regelmäßig einige Flaschen seines köstlichen Beaujolais als Messwein zukommen ließ, und der Magd zuliebe, die sein Kind unter ihrem Herzen trug.

Gerade wollte Vequel mit der verrosteten Mistgabel in Händen einen alternativen Problemlösungsansatz ins Spiel bringen, da tat sich etwas. Die Gräfin verlor ihre menschliche Gestalt, verwandelte sich in einen übelriechenden Windhauch und wehte in Richtung Rachelsee davon.

„Nun denn“, sagte der Priester, piff selbstzufrieden Händels „Halleluja“ durch die untere Zahnreihe und klappte seinen schweren Koffer zu.

„Was? Das soll’s wirklich schon gewesen sein?“, hakte der aufgewühlte Schlossherr misstrauisch nach.

„Möchte ich doch meinen. Exorzismus ist wie Radfahren. So was verlernt man nicht. Gott behüte euch.“

Die Überheblichkeit beziehungsweise das schlechte Gedächtnis des Geistlichen rächte sich schon am nächsten Morgen. Die tote Gräfin kniete zwischen den Schweinen im Stall und fraß aus dem Trog.

Der Schlossherr verzichtete darauf, den Priester zu reaktivieren. Er ließ den Dorfschmied kommen und fragte ihn um Rat. Dieser schlug vor, der Gräfin eiserne Schuhe anzufertigen, die fünfmal schwerer wogen als sie selbst. Die würden sie auf dem Grund des Rachelsees gefangen halten. Mindestens solange der Schlossherr lebe.

„Und meine lieben Leute?“, fragte der Graf entrüstet. „Soll ich etwa nach dem Motto ‚nach mir die Sintflut‘ handeln? Was geschieht, wenn die Schuhe verrosten, wenn die korrodierten Eisenbänder in 50 oder 100 Jahren bröckeln und abfallen? Wenn die vermaledeite Gräfin eines fernen Tages dem Rachelsee entfliehen kann und wieder damit anfängt, Schweine und Menschen zu malträtieren?“

„Mit Edelstahl sind Sie auf der sicheren Seite“, sagte der Schmied. „Kostet halt mehr.“

Seitdem hört und sieht man von der Rachelhexe nichts mehr. Fast nichts. Denn an 12 Winternächten zwischen

Heiligabend und Dreikönig steigt sie in Schaltjahren, in denen die Zahl 7 vorkommt, vom See herauf. Wer sich in den sogenannten Losnächten vor die Tür wagt, wird von der Rachelhexe unter ihren eisernen Füßen zermalmt.

Die Gemeinde Schönberg weigert sich trotz vielfacher, hartnäckiger Nachfragen, die Opferzahlen preiszugeben. Wegerm Imetsch, woaßt scho.

WIRTSCHAFTLICHE WIRREN

GOLD

Der Bayerische Wald galt lange Zeit als das Eldorado Europas. Noch heute sollen 30 Tonnen Gold im Wert von 350 Millionen Euro in den Bergen des Grenzgebiets schlummern. Eine ideale Voraussetzung für rüstige Riester-Rentenempfänger, die Ärmel hochzukrempeln und ihr Schicksal selbst in die Hand zu nehmen. Auf Anregung des Bundesministeriums für Arbeit und Soziales machen sich derzeit unzählige eigenleistungswillige Senioren mit Spitzhacke und Schaufel in Richtung Bergreichensteiner Gruben auf, um sich den lang gehegten Traum von einem Leben vor dem Tod zu erfüllen. Gold Fever meets Generation Babyboomer.

Die Anfänge: Bereits vor mehr als 4.000 Jahren wurde aus den Bächen des Bayerischen Waldes Gold gewaschen und aus den Erträgen Opferfiguren für die Götter gegossen. Der Sonnengott Ra wurde von den Bewohnern der kleinen Dörfer als Hauptgott verehrt. Ra thronte auf einem nach ihm benannten pyramidenförmigen Berg, dem Rachel, der meist von einem dichten Nebelschleier eingehüllt war. Trat ein neuer Ortsvorsteher seinen Dienst an, wurde dessen nackter Körper mit einer Paste aus Goldstaub eingecremt. Die Bediensteten bauten ein Floß, beluden es mit Goldschmuck und Bergkristallen und ruderten den präparierten Ortsvorsteher zur Mitte des Rachelsees hinaus. Die wertvollen Opfergaben wurden ins Wasser geworfen, um Ra zu besänftigen. Die Furcht vor Ras Zorn war allgegenwärtig und berechtigt. Schließlich regierte er vom Rachel aus. Und Rachel war, laut vorurwaidlerischer Sprachforschung,

FIXBUTTE
FIXMINZE
FIXMILLE

nichts anderes als eine verkürzte Form des Begriffs Racheengel.

Nachdem der letzte Wertgegenstand auf den Grund des Sees gesunken war, ließ sich auch der Ortsvorsteher in die Tiefe gleiten. Schwarze Saiblinge schwärmten herbei, streiften um seinen Körper, rieben den Goldstaub ab und wurden zu herrlich glänzenden Fischen. Sie schwammen den Bachlauf hinauf bis zur Quelle und berichteten Ra von den Opfergaben. Ra nickte wohlwollend. Die Saiblinge erhielten den Auftrag, den Ortsvorsteher, nachdem das letzte Goldkorn von seinem Körper abgewaschen war, wieder an die Oberfläche zu ziehen.

So geschah es. Die Dorfbewohner am Ufer brachen in Jubel aus, warfen sich auf den Boden, dankten Ra für das göttliche Einverständnis und wussten, dass sie sich künftig keine Sorgen mehr um zu wenig Sonnentage pro Jahr machen brauchten.

Die Götter wechselten, das Gold blieb. Bis ins Mittelalter wurde es gewaschen, geschürft und abgebaut. Im 12. Jahrhundert blühte der Goldbergbau in Reichenstein (heute Kašperské Hory/Tschechien). Rund 1.000 Arbeiter waren in 40 Minen beschäftigt. 3.000 Mühlen standen zur Verfügung, um das Gold vom Quarz zu trennen.

Bayerisches und böhmisches Gold wurde zur Qualitätsmarke und war für die Fertigung von Münzen, Bechern, Pokalen, Reliquien und Schmuck gefragt. Prag trägt den Namen „Goldene Stadt“, weil es als Handelszentrale für den Vertrieb des wertvollen Metalls in alle Welt fungierte. Der „Goldene Turm“ in Regensburg zeugt noch heute vom Reichtum der Gold-Kaufleute. In Gastwirtschaften galt der „Goldene Schnitt“ als ungeschriebenes Gesetz. Schnitt, Sprutz oder Kölsch bezeichneten ursprünglich ein in halsabschneiderischer Absicht schlecht eingeschenktes Glas Bier; später erhielt das entsprechende Flüssigkeitsvolumen den Fachterminus Schnittmenge. Der Schnitt ist nicht zu verwechseln mit dem Noigerl, auch wenn beide sich in ihrer Erscheinungsform ähneln. Das Noigerl neigt (wenn auch selten) zur Abgestandenheit, der Schnitt ist immer zapffrisch.

Der Schnitt entspricht heute dem Flüssigkeitsanteil einer Oktoberfestmass. Der Goldene Schnitt dagegen bezeichnet das ideale Verhältnis des Bierglases zu seinem Inhalt, bei dessen Erreichen die Bedienung die nächste Halbe zu servieren hat. Es liegt bei 1,6180339887 und definiert die Proportion zwischen frisch eingeschenktem und bereits ausgetrunkenem Bier. Fälschlicherweise wird oft angenommen, dass der Goldene Schnitt die Gesamtfüllmenge zum verbliebenen Restbier ins Verhältnis setzt. Auch dies wäre theoretisch möglich und dann mit einem Quotienten von 0,382 zu bewerkstelligen, ist aber unüblich. In der praktischen Anwendung des Goldenen Schnitts gelten Rundungswerte: Bei einer Glashöhe von 17 cm und einem Restbier (a) von 6,5 cm muss spätestens die frische Halbe (b) auf den Tisch gestellt werden. Der Gast trinkt a zügig aus, bedankt sich mit einem angedeuteten Nicken bei der Servicekraft und fährt in gleiche Weise mit b fort.

Waidlerische Traditionsgaststätten wie „Die goldene Gurgel“ in Niederkreith signalisieren bereits mit ihrem Namen, dass sich Personal und Gäste, unabhängig von Geschlecht, Alter, Herkunft und Religion, den strengen Gesetzen des Goldenen Schnitts zu unterwerfen haben.

GLAS

Ab 1420 entstanden die ersten Glashütten im Bayerischen Wald. Sie wurden von böhmischen Einwanderern in

Frauenau und Rabenstein gegründet. Und hätte man die Industrie so weiterwerkeln lassen, wie sie wollte, gäbe es heute keinen Bayerischen Wald mehr. Der Holzverbrauch zur Befeuerung der Glasöfen und zur Herstellung von Pottasche war immens. Pottasche gewann man aus der Asche von Bäumen; sie wurde in Töpfen, sogenannten Pötten, eingedampft und sorgte für eine reinere, farblosere Glasschmelze. Allein im Jahre 1761 wurden zu ihrer Herstellung in der Poschingerhütte in Frauenau über 5.600 Ster verbrannt. 1788 wurde das Aschebrennen in den Wäldern aufgrund der steigenden Nachfrage nach Bau- und Brennholz verboten. Die Rohstoffe mussten z.B. aus Ungarn zugekauft und antransportiert werden. Die Glashütten waren kaum mehr rentabel zu betreiben.

Erst im 19. Jahrhundert, als Pottasche für die Glasproduktion ihre Bedeutung verloren hatte, erholte sich der Industriezweig von der Krise. Die meisten Glasöfen wurden ab 1880 mit Kohle befeuert. Trotzdem war die Flachglasherstellung in Böhmen und im Bayerischen Wald bald nicht mehr konkurrenzfähig. Durch den Ausbau des Schienennetzes mit neuen Transportmöglichkeiten waren andere Glashütten nicht auf einen Standort in Rohstoffnähe angewiesen. Die schlechte Verkehrsanbindung und rasante technische Weiterentwicklungen besiegelten das Schicksal der Flachglaswirtschaft im Bayerischen Wald. Die letzten Betriebe wurden vor dem Zweiten Weltkrieg geschlossen. Die Hohlglasproduktion überlebte nicht zuletzt aufgrund der niedrigen Löhne, mit denen sich die Waidler gezwungenermaßen zufriedengaben.

Heute gilt der Glasbläser als Schuhplattler des Bayerischen Waldes. Er wird von verrohten Fremdenverkehrsmanagern stolz präsentiert wie der Giftschlangenbändiger auf der Butterfahrt durch Thailand, wie der Arien schmetternde Gondoliere in Venedig oder der als Yeti verkleidete Sherpa windiger Himalaya-Tagesausflugsanbieter. Wissenschaftlich angehauchte Glasblasseminare konkurrieren mit abendfüllenden Showblowing-Veranstaltungen und selbst ernannten Glasblasparadiesen. Kleinkinder werden gezwungen, potthässliche Dinge zu blasen, die ihren Eltern wiederum verbindlich zum Kauf angeboten werden. Kunsthandwerkliches Erwachsenenblasen, lungenschonendes Seniorenblasen, emanzipatorisches Figurenblasen mit Bärwurz-Degustation für Tagesausflüglerinnen: Die Ideenvielfalt, mit der versucht wird, Touristen das Gefühl zu vermitteln, ein echter, hart arbeitender Waidler zu sein, scheint unerschöpflich.

Was kaum einer weiß: Hinter der Bayerwald-Glasblasindustrie steckt ein global agierender Konzern, der auch vor rigorosen Maßnahmen zur Gewinnmaximierung nicht zurückschreckt. Renommierte Anwaltskanzleien sind Tag für Tag damit beschäftigt, Marken- und Nutzungsrecht-Verletzungen zu verfolgen. In den 1980er-Jahren ließ man sich die Wörter „Glas“ und „Blasen“ sowie alle mundartlichen Ableitungen durch Eintragungen beim Patentamt schützen. Für die unerlaubte Verwendung des Begriffes „Glasnost“ unter Michail Gorbatschow musste die Sowjetunion Milliardenbeträge an die Bayerwald-Staatsbank überweisen. 2012 sorgte das scharfe Vorgehen gegen eine überregional bekannte Musikkapelle deutschlandweit für Schlagzeilen. Die Rede ist von der Biermösl-Blosn, die sich bereits durch die instrumentelle Kollaboration mit den ausgewiesenen Bayern-Hassern „Die Toten Hosen“ bei den Einheimischen in Misskredit gebracht hatten. Auch waren sie regelmäßig mit unflätigen Beschimpfungen von hoch angesehenen bayerischen Politikern wie Franz Josef Strauß und Edmund

Stoiber in Erscheinung getreten. Die Verballhornung der Bayernhymne zu „Gott mit dir, du Land der BayWa“ bildete den vorläufigen Höhepunkt ihres staatsschädigenden Verhaltens. Ihr zweifelhafter Ruf kulminierte jedoch in der über Jahre aufrecht erhaltenen Weigerung, Tantiemen für die unerlaubte Verwendung des geschützten Begriffes „Blosn“ abzuführen. Endlich konnte ihnen wegen eines nachweislichen Rechtsbruches der Prozess gemacht werden. Sie verloren, durften sich fortan nicht mehr „Blosn“ nennen und wurden, um einer Zuwiderhandlung vorzubeugen, auf Bewährung zu lebenslangen Haftstrafen verurteilt.

Wenden wir uns ab von diesen dramatischen blasrechtlichen Verwerfungen und kehren wir zu Erfreulicherem zurück, dem Kernthema Kunst am Glas: Das Blasen von eigenartig in sich verschlungenen Skulpturen und repräsentativen, saustalltürgroßen Glaspokalen erfordert handwerkliches Geschick, ein hohes Maß an ästhetischem Fatalismus und professionelles Arbeitsgerät. Wer sich jedoch in heimischer Umgebung für den Eigengebrauch Weingläser blasen will, kommt auch mit Utensilien ans Ziel, die sich in jedem Haushalt finden lassen.

Glasbläserei-Schnupperkurs „Preisbewusste Einsteiger“

Schritt 1

Gehen Sie in den Keller und bauen Sie die flackernde Neonröhre der Deckenleuchte aus. Entfernen Sie mit einer Laubsäge ca. 5 Zentimeter an beiden

Enden. Halten Sie die Röhre aus dem Kellerfenster, bis das hochgiftige Gas vollständig entwichen ist.

Schritt 2
Begeben Sie sich ins Wohnzimmer und setzen Sie sich an den Tisch mit der gesprenkelten Marmorplatte. Eine feuerfeste Unterlage ist für den weiteren Verlauf von Vorteil. Sollten Sie lediglich über einen Holz- oder Kunststofftisch verfügen, läuten Sie beim Nachbarn und fragen ihn höflich, aber bestimmt, ob Sie sein Wohnzimmer für vier Stunden nutzen können.

Schritt 3
Entzünden Sie eine Kerze. Drehen Sie den hinteren Teil der Röhre im oberen Drittel der Flamme. Dort entwickelt die Kerze am meisten Hitze. Es kann einige Minuten dauern, bis das Glas ausreichend erwärmt ist.

Schritt 4
Dass der erste Schmelzprozess bereits eingesetzt hat, erkennen Sie daran, dass die Röhre ihre ursprüngliche Form verliert. Packen Sie nun die Röhre dort, wo sie in Verformung begriffen ist, und drehen sie den oberen Teil gegen den Uhrzeigersinn. Wir sind ge-

rade dabei, den Stiel des Glases zu formen. Je stärker Sie zusammendrücken, umso filigraner und eleganter wird später der Stiel wirken. Von Zeit zu Zeit tauchen Sie Ihre Form-Hand in das vorher bereitgestellte Eiswasser, um die Abkühlung des Glases zu beschleunigen. Bevor der Stiel erkaltet, ritzen sie mit dem Fingernagel ein Gewinde ins Stiel-Ende. Der Stiel dichtet die Röhre nach unten hin luftdicht ab.

Schritt 5

Nun beginnt der eigentliche Prozess des Glasblasens. Wieder drehen Sie die Röhre in der Flamme, etwa 5 Zentimeter oberhalb des Stiels. Nach einer halben Stunde blasen Sie kräftig, lange und gleichmäßig ins Rohr, bis sich ein Bauch (glastechnischer Fachbegriff: Ranzen) bildet. Das Werkstück sollte nun aussehen wie eine Schlange, die eine Billard- oder - je nach Ihrem Lungenvolumen - eine Bowlingkugel geschluckt hat. Um Schnittverletzungen zu vermeiden, kann es hilfreich sein, in der Blasphase das Mundstück der Flöte Ihrer Tochter zu verwenden. Hat die Blähung den gewünschten Umfang erreicht, schütten Sie das Wasser aus dem Eiskübel darüber, um die weitere Ausdehnung zu verhindern.

Schritt 6
Der schwierigste Teil ist erledigt. Gönnen Sie sich eine kleine Pause, aber schlafen Sie nicht ein.

Schritt 7
Dort, wo der Kelch des Weinglases enden soll, geben Sie mittels Ceranfeldschaber vorsichtig eine Sollbruchstelle vor. Klopfen Sie so lange mit einem Maurerhammer kräftig an der Sollbruchstelle entlang, bis sich der obere Teil vom Werkstück trennt. Sieht schon recht gut aus. Schmirgeln Sie den Glasrand in zwei Etappen mit Sandpapier ab. Durchgang 1 mit 40er Körnung, Durchgang 2 mit bespuckter 120er Körnung. Testen Sie die Schliffqualität, indem sie über den Rand lecken. Wiederholen Sie Schmirgelvorgang 2, falls die Zunge stark zu bluten beginnt.

Schritt 8
Letzter Schritt: Stellen Sie das Werkstück mittig im 90 Grad Winkel auf die während der Arbeit leer gegessene, umgedrehte Nussdose. Mit der flachen Hand schlagen Sie mehrmals von oben auf das Glas, sodass die Spitze des Gewindes das Blech durchsticht. Drehen Sie das Glas zwei bis drei komplette Umdrehungen in die Nussdose, bis es die ge-

wünschte Stabilität erreicht hat. Fertig. Lehnen Sie sich zurück. Bestaunen Sie das Ergebnis. Schenken Sie sich ein Viertel nebelgereiften Roten aus den formidablen Weingütern des Osser-Nordhangs ein.

BERGBAU

Der Bayerische Wald machte über Jahrhunderte hinweg dem Ruhrpott als Bergbaugebiet Konkurrenz. Eisenstein, Bodenmais und Lam waren Bergbausiedlungen. Während es den Eisensteinern bereits im 16. Jahrhundert zu anstrengend wurde, sich in finsteren Löchern abzuschuften, bauten die Bodenmaiser bis 1962 Schwefelkies, Silber und Polierrot ab. Letzteres fand bei der Spiegelherstellung als Poliermittel Verwendung.

Heute gilt Graphit als rentabelster Bodenschatz der Region. Die größten Graphitvorkommen Deutschlands befinden sich im Passauer, also im südöstlichen Bayerischen Wald. Erstmals wurde Graphitgräberei um 1400 erwähnt, wobei diese noch nicht als Bergbau bezeichnet werden konnte. Im Kugelholz der Gemeinde Edersdorf wurden die ersten entsprechenden Unternehmungen angegangen, größere Gruben entstanden Anfang und Mitte des 18. Jahrhunderts bei Pfaffenreuth (1730) bei Germannsdorf (1750-1760), bei Ficht (1780) und bei Haar (1791). Alchemisten und Metallgießer nutzten Graphittiegel aus Obernzell an der Donau für ihre Experimente. Weltbekannt sind heute die Graphitwerke Kropfmühl. Sie verdanken ihren wirtschaftlichen Aufstieg und ihre Börsennotierung vor allem der international durchschlagenden Verbreitung einer in den 1960er-Jahren aufgekommenen Kunstform, dem Graffiti. Graphit bildet das unverzichtbare Basismaterial für die Erstellung von Graffitis. Der New Yorker Darryl McCray gilt als Urvater der Graffitisierung von Städten. Für seine Tags (persönliche Schriftzüge) verwendete er ausschließlich Graphit aus den Abbaugebieten um Pfaffenreuth. Anfangs benutzten die Künstler noch Bleistifte mit Graphitminen. In den 70er-Jahren revolutionierte der New Yorker Pizzabote „Taki183" die Szene. Er füllte Kropfmühler Graphit in Spraydosen und hinterließ auf seiner Lieferroute gesprühte Tags und Bilder. Taki183 wurde in einer psychiatrischen Klinik weggesperrt, weil weder er noch die behandelnden Ärzte sich erklären konnten, wieso er das tat. Trotzdem fand er viele Nachahmer.

Die Graffiti-Welle erfasste die Metropolen in aller Welt. Zudem wurden die Kunstwerke immer größer, schmückten oft ganze Straßenzüge und städtische Fuhrparks. Der Graphitbedarf der bis dato vor sich hingedümpelt hatte, schoss mit einem Mal in ungeahnte Höhen. Für wechselwillige Bergarbeiter aus Gelsenkirchen, Dortmund und Duisburg wurden immense Ablösesummen bezahlt, um sie nach Bayern zu locken. Nur so konnte der globale Heißhunger auf Graphit annähernd befriedigt werden. Die von der Bayerwald-Graphit-Innung initiierte Werbekampagne „Jeder ist ein Graffiti-Künstler" sorgte für einen weiteren Umsatzschub. Der Graffiti-Virus sprang von den Metropolen auf kleinere Städte und Dörfer über. Von Kunst konnte keine Rede mehr sein. „I mog SV Habischried" und „fuck the fuck" Bekenner-Schriftzüge sowie Abermilliarden ejakulierende Penisse verunstalten seither Bushaltestellen, Straßenunterführungen und Kabelverzweigerkästen.

Als China das Marktpotenzial von Graphit erkannte, schickte die Volksrepublik Industriespione nach Bayern. Ab 2009 wurden die als harmlose Touristen getarnten Agenten mit Bussen großflächig über die Gegend oberhalb von Passau verteilt. Ihren Freigang nutzten sie, um die Gegend zu fotografieren, Landschaftsprofile zu erstellen und Bodenproben zu nehmen. 2011 begannen die Aufbauarbeiten im eigenen Land. Nahe der 20 Millionen-Stadt Chongqing wurde der Jangtse partiell umgeleitet und der Flussverlauf der Donau zwischen Ulm und Wien nachempfunden. Nördlich des neu gezogenen Ufers entstand der komplette Bayerische Wald im Verhältnis 20:1. Für den Nachbau von Arber, Rachel und Osser wurden Teile des Kunlun-Gebirges abgetragen und anhand detailliertester Satellitenbilder originalgetreu wieder aufgeschichtet. Allein im chinesischen Bad Kötzting leben 470.000 Einheimische. Dazu kommen 80.000 Kurgäste pro Jahr. Am Pfingstritt nehmen alljährlich 19.000 Datong-Haflinger und 17 buddhistische Bischöfe teil. Überhaupt gehört der Pfingstritt mittlerweile zu den ältesten Brauchtumspflege-Veranstaltungen im asiatischen Raum.

2020 betrug die Graphitproduktion in China 700.000 Tonnen. Im Bayerischen Wald waren es 220.

Aber noch einmal zur Graffiti-Kunst beziehungsweise der Graphitproduktion im Bayerischen Wald. Beider Anfänge liegen weit vor unserer Zeit: Der hochdekorierte Geologe Carl Wilhelm von Gümbel (1823-1898) verweist auf Graphitfunde niederbayerischer Herkunft in fränkischen Hünengräbern und folgert daraus einen prähistorischen Graphithandel. Passend dazu gilt die Höhlenmalerei als Urform des Graffitis. Sie wurde bereits in der eurasischen Altsteinzeit vor 40.000 Jahren als Kunst- und Kommunikationsform angewandt. Ob die Werke noch aus der Hand von Neandertalern stammen oder bereits auf die ästhetischen Innenraumgestaltungsansprüche des frühen Homo sapiens zurückgehen, konnte bislang nicht geklärt werden.

Die Bilder in den Höhlen von Altamira und El Castillo in Spanien dürfen sich älteste Höhlenmalereien der Welt nennen. 2012 wurde eine bemalte Scheibe in der Castillo-Höhle auf ein Alter von mindestens 40.800 Jahren datiert. Die chemische Analyse ergab, dass die verwendeten Pigmente auf rotgefärbtem Bayerwald-Graphit basierten. Eingesetzt wurden die Farben auf einem recht platten runden Objekt, wobei diese Scheibe nach heutigem Kenntnisstand die Erde symbolisiert. Auf ihr spielt eine Strichmännchen-Bilderfolge, welche Einblicke in die Tauschhandel-Gepflogenheiten dieser Zeit zulässt. Auf dem letzten Bild liegt das Strichmännchen, das den kleineren Knüppel in der Hand hält, am Boden.

Diese einfache zeitgenössische Darstellung stand am Anfang einer langen Entwicklung der Malerei. Sie führte in den folgenden Jahrtausenden zu eindrucksvollen künstlerischen Graphitdarstellungen wie der an den Höhlenwänden von Chauvet, Frankreich. Auch hier kann von einer frühen, engen Handelsbeziehung zwischen dem Bayerischen Wald und dem südfranzösischen Département Ardèche ausgegangen werden. Neben Auerochsen, Pferdeköpfen und Wollnashörnern finden sich in den gut 400 Wandbildern szenische Darstellungen, die zweifelsfrei den feuerspeienden Further Drachen zeigen. Historiker gehen davon aus, dass steinzeitliche bayerische Graphit-Handelsvertreter die französischen Wandkünstler nicht nur mit Mal- und Zeichenbedarf versorgten, sondern auch vorgefertigte Motive lieferten. Hierbei bedienten sie sich aus dem reichhaltigen

Legendenschatz des Bayerwaldes. Mittels halbtransparenter, aus Mammutblasen gefertigter Folien ließen sich die Konturen der Vorlagen problemlos auf die Höhlenwand übertragen. Die farbliche Ausgestaltung basierte auf einem noch heute in Künstlerkreisen weitverbreiteten numerischen System.

HOLZ

Die Holzwirtschaft nimmt im Bayerischen Wald einen geringeren Stellenwert ein, als man meinen möchte. Zunächst wurde für den enormen Bedarf der Glasindustrie schonungslos gerodet. Ab 1800 gebot man dem Raubbau Einhalt. Staatliche Forstämter wurden gegründet und die Holzverwertung in geordnete Bahnen gelenkt. In den Gegenden um Regen und Zwiesel entstanden 57 neue Sägewerke. Stürme führten zu Windbrüchen, die verarbeitet werden wollten.

Dann kamen sie: Buchdrucker und Kupferstecher. Damit sind nicht etwa Johannes Gutenberg und Albrecht Dürer gemeint, sondern monströse Baumfrevler von bis zu 5 mm Länge. Borkenkäfer. 1868 und 1870 fielen sie in zwei dicht aufeinander folgenden Wellen in den Bayerischen Wald ein.

Der Borkenkäfer reagiert auf die Duftstoffe absterbender Bäume. Er bohrt sich durch die Rinde und legt darunter Gänge und Aushöhlungen an. Eine davon nennt sich Rammelkammer und macht ihrem Namen alle Ehre. Im Frühjahr lockt der Freund und Kupferstecher Weibchen in die Kammer, die winterschlaftrunken durch die Gänge taumeln. Ein Borkenkäfer kann pro Stunde 200 Weibchen begatten. Spätestens nach 14 Stunden verendet er an Überanstrengung und wird von der letzten Geschlechtsverkehrspartnerin gefressen. Jedes Weibchen produziert bis zu

250.000 Nachkommen, die sich nach demselben Muster weitervermehren und Bäume befallen.

Während der Zustand des käferbesetzten Waldes um 1900 ein trauriges Bild abgab, erlebte die Holzindustrie einen enormen Aufschwung. Ab 1850 waren schon Holzwaren- und Möbelfabriken entstanden; die älteste Papierfabrik wurde 1881 in Teisnach gegründet. Holzhauer wurde zum gefragten Berufsbild. Fachschulen für Holzbearbeitung, Schnitzerwerkstätten und -schulen entstanden. Der Borkenkäfer erhielt den Beinamen „Der goldene Käfer", weil die strukturschwache Region von seiner Ausbreitung profitierte. In der Folgezeit schwankte das Image des Schädlings zwischen Lebensretter und Totengräber des Waldes. In den 1980er-Jahren starben mehrerer Tausend Hektar Fichtenbestände. Man sprach vom „größten Waldfriedhof Europas" und dem Ruin als Tourismusregion. Wer wollte in einer Gegend, die als Weltuntergangskulisse für Roland-Emmerich-Filme hätte herhalten können, Urlaub machen? Die Interessen von Wirtschaftswaldbesitzern und Naturschützern prallten aufeinander, die Meinungen standen sich zum Teil unversöhnlich gegenüber. Heute zeigt man sich entgegenkommend, trägt die rufschädigenden Konflikte nicht mehr öffentlich aus. Wenn sich jedoch Naturpark-Ranger und Nutzwaldarbeiter in freier Wildbahn begegnen, soll noch nicht die letzte Hacke durch die Luft gewirbelt sein.

Heute spielt die Holzwirtschaft keine große Rolle mehr. Die Stadt Zwiesel führt nachlässigerweise noch immer den Spruch „Zwiesels Stolz, gut Glas und Holz" im Wappen. Eigentlich müsste er heute lauten „Zwiesels Stolz, gut Glas und Fremdenverkehr". Das will sich partout nicht reimen.

ORTSCHAFTSLYRIK VON *A* BIS *Z*:

I

Innernzell

In Innernzell, in Innernzell
verfliegt die Zeit so furchtbar schnell.
Zwölftes Jahrhundert Einsiedlerklause.
Fünfzehntes: Namensgebungssause.
Sechzehntes: abgebrannt.
Aufgebaut, zur Pfarrei ernannt.
Siebzehnzweiundvierzig: Husarendeppenzeit.
Jahrhundert später: Kirche geweiht.
Gestern: Mann mit Moped verkehrskontrolliert.
Kein Helm, kein Schein, stark alkoholisiert.
Die Zeit verfliegt so furchtbar schnell
in Innernzell, in Innernzell.

J

Jandelsbrunn
Heimatgedicht zum frlchn Gdnkn an den großen Rrnst Jandl.

Grnzvrlf, ja Grunzvorlauf
Lf Klmtr nch Strrch. Ngfhr. Strrch? Mhm Strrch!
Nch Tschchn mhr.
Srnr Vrhng. Vrhng! Ncht Vrhng!
Pt pt pt pt pchchchch pscht
Dr dr dr dr whhhhm whhhhm
Hlt. Grnzkntrlle!
Ws? Ws Grnzkntrlle?

Mhm. Mhm. Mhm.
Hre Ppr!
Mn Sws?
J, Pssprtt.
(Reisender kramt in der Tasche. Aus dem kleinen gerahmten Hochzeitsbild seiner Großeltern fieselt er das Passepartout heraus und zeigt es dem Grenzer: Dieser nickt.)
Ws z vrzlln?
Nx.
Mhm. Whr kmmn S?
Jndlsbrnn.
Schnr Rt.
Ght s.
Gt Rs.
Dnk.
Btt.

K

Kötzting

Ohne Bad war alles besser
Vierzig Jahre her, schöne Zeit
Nicht so sauber alles.
So aufgeräumt. So klinisch.
Cockpit statt Casino.
Kopfwehtabletten statt TCM
Bischof Müller, jetzt Kardinalfehler,
erbärmlicher Pfingstmitreiter:
Schwul sein ist keine Tugend,
selber schuld.
Lindner Bräu, 2 Stunden.
Alles vergessen. Vergeben. Super.

L

Lam

Tief im finst'ren Wald weit hinten
Im letzten Winkel wär's zu finden
Für den, der es sich suchen traut
und auf den lieben Gott vertraut.

Wou
der greislich Thamma mitm Hammer haust,
vor dems de kloaner Kinder graust,
wal er de Drackn mid seim Feistling jagt,
wenn ers dawischt hod, am Gnack hint packt
und oam nochm andern an Schedl eischlagt.

Anm.: Die Marktgemeinde Lam fand 2002 eine ertragreiche Nische im harten Verdrängungswettbewerb des Bayerwaldtourismus. Die Hauptzielgruppe besteht aus verzweifelten Eltern schwer erziehbarer Kinder aus dem norddeutschen Raum.

M

Miltach

(Beim Lesen ist die Melodie von „Vom Woid dahoam" mitzusummen.)

Da wo der Bernhard wohnt,
der heut mehr hatscht als rennt,
und den der Dichter schon
lang seit der Schulzeit kennt,
da wo die Petra klagt:
„Hab ich ein Schädlweh."

Da bleib ich gern a Zeit.
Miltach is sche.

Da wo die Marion
sich ein Geflügel halt,
und wo da Gockl bald
maustot vom Stangerl fallt,
und wo de Hener lacht,
sagt, der hod's eh ned bracht,
da trink ich gern an Tee.
Miltach is sche.

Warum trink ich an Tee?
Das liegt mir sonst so fern.
Weil's hier kein Wirtshaus gibt.
Das mögen wir nicht gern.
Drum sage ich zum Bern
hard fällt das Bleiben mir.
Er kann mich gut verstehn.
Auf Wiedersehen.

N

Neuschönau

Hohenau
Grafenau
Spiegelau
Und Neuschönau?
Da. Schau!
Ah, genau.
Wau.

INTERVIEW: GROLLENDE RUSSEN

Heute will ich mich mit Karl Reitmeier treffen. Karl, Jahrgang 1951, weiß viel über die Verhältnisse an der bayerisch-böhmischen Grenze. Er verbrachte seine Kindheit in Furth im Wald, war bei der Chamer Zeitung angestellt und leitete einige Jahre das Redaktionsbüro Furth. Wiedereröffnung des Grenzübergangs 1964, Prager Frühling 1968, die Wende 1989: Er hat alles miterlebt und viel davon journalistisch begleitet. Heute liegt ihm die deutsch-tschechische Freundschaft besonders am Herzen. Ob Gastvortrag an der Universität Pilsen oder Informationsveranstaltungen in Grenzlandgemeinden – sein Wissen, seine Verbindungen und seine Meinung sind gefragt. Mit Hingabe widmet er sich seinem Lieblingsberg, dem Čerchov, der auf böhmischer Seite nah an der Grenze steht. Dessen Turm wurde von der tschechischen Armee und der DDR-Staatssicherheit genutzt. Heute darf er als Symbol fürs grenzübergreifende Zusammenwachsen der Region gelten. Auch dank Karl Reitmeier. Von seinen tschechischen Freunden und Bekannten wird er deshalb augenzwinkernd Karel Čerchov genannt.

Als ich in Lengau bei Waldmünchen ankomme, weiß ich noch nicht, dass mich dort dramatische Ereignisse erwarten, die das geplante Interview zur Nebensache werden lassen. Karl öffnet die Tür und entschuldigt sich. Er müsse noch kurz einen Artikel fertigschreiben und rausschicken. Wegen des verschwundenen Kindes. Ich hätte ja bestimmt schon davon gehört.

Nein, ich weiß von nichts. Seine Frau Erika klärt mich auf. Am Sonntagnachmittag ist ein Mädchen auf tschechischer Seite verschwunden. Bei Česká Kubice, nahe dem Čerchov.

Und weil ihr Mann den Berg wie seine Westentasche kennt, steht er in Kontakt mit Suchenden, Redaktionen und Freunden aus der Region. Karl weiß, wo das unwegsame Gelände gefährlich ist und wohin man sich leicht verlaufen kann.

Es ist Dienstagmittag. Mitte Oktober. Julia, so heißt das Mädchen, kam ihren Eltern bei einer Wanderung abhanden. Zwei Tage und zwei Nächte sind seitdem vergangen. In der Nacht von Sonntag auf Montag war das Thermometer auf 7 Grad minus gefallen. Die Region ist in Aufruhr. 1.400 Einsatzkräfte auf bayerischer und böhmischer Seite, Hubschrauber, Wärmekameras. Keine Spur.

Karl kommt und meint, wir können anfangen. Ich solle entschuldigen, wenn er ab und zu ans Telefon gehen muss. Kein Problem. Ich frage ihn, ob wir das Interview verschieben sollen, ich könne auch ein anderes Mal wiederkommen, wenn er weniger eingespannt sei beziehungsweise den Kopf frei habe.

„Nein, nein", antwortet er, „das machen wir schon". Eine seiner drei Katzen hüpft auf die Eckbank, drückt sich mir von hinten an den Rücken und schnurrt.

Du bist mittlerweile Rentner, aber beileibe kein typischer, oder?

Ich schreibe auf jeden Fall immer noch. Seit 2012 eine wöchentlich erscheinende Böhmenseite für die Chamer Zeitung, Wanderführer, und ich helfe bei historischen Dokumentationen zur Grenzregion mit. Inzwischen kenne ich so viele nette Leute von der drüberen Seite, dass ich überhaupt nicht mehr nachvollziehen kann, welche Spannungen zwischen unseren beiden Ländern einmal bestanden haben. Man sieht, was die politischen Systeme mit den Menschen anrichten.

Wie fühlt es sich an, sein ganzes Leben in Grenznähe zu verbringen?

Als Kinder wurde uns eingebläut: Hier ist die Grenze und dahinter gibt es nur böse Leute. Wenn ich mit meinem Vater an der Grenze unterwegs war, spazieren oder Schwammerl suchen, sagte er oft: „Setz ja keinen Fuß da rüber. Die erschießen dich sofort." Wenn sogar das Grenzmassiv den Namen „Gibacht" trägt, weißt du, was gespielt wird. Aufpassen!

Diese bedrohliche Atmosphäre schürte bei mir das Interesse. Ich wollte erfahren, welche Leute hinter dem Zaun leben.

Schon als die Grenzen noch geschlossen waren, durfte ich mit dem Historischen Verein rüberfahren. Der damalige Bürgermeister Reinhold Macho, selbst Sudetendeutscher, hat sich immer bemüht, kleine Schlupflöcher im Eisernen Vorhang zu ermöglichen. Zum Beispiel gab es 1988 einen Freundschaftslauf von Wuppertal nach Košice. Da bin ich ein Stück mitgelaufen. Übrigens war auch Emil Zátopek dabei, einer der berühmtesten tschechischen Sportler überhaupt, genannt die tschechische Lokomotive. Macho brachte es sogar fertig, dass ihn der kommunistische Bürgermeister von Domažlice im Rathaus besucht hat. Das muss 1987 gewesen sein. Keiner hatte so etwas in Zeiten des Kalten Kriegs für möglich gehalten. Schon lange vor dem Fall des Eisernen Vorhangs feierten wir gemeinsam das 1. Prager Oktoberfest, zu dem das Blasorchester Furth im Wald aufspielte und unser Herzogauer Bier ausgeschenkt wurde. Ich durfte Macho als Pressemann bei den Terminen hüben und drüben begleiten.

Hast du mit Emil Zátopek gesprochen?

Ja. Aber nicht bei dem erwähnten Lauf. Das war eine ganz andere Geschichte. Das Telefon klingelt. Einer von unseren

Zollbeamten ist dran und sagt: „Du, der Emil Zátopek sitzt im Zug und hat kurz Aufenthalt. Wenn du dich beeilst, kannst du ein Foto machen." Ich starte sofort rauf und erwische ihn noch. Wir kamen ins Plaudern. Ich erzählte ihm, dass er auch bei uns in Deutschland eine Legende sei. Er hat sich gefreut. Zátopek hatte nicht die geringsten Starallüren. Er war ein unglaublich herzlicher und freundlicher Mensch. Mit jedem neuen Kontakt, den ich mit Tschechen hatte, änderte sich mein ursprüngliches Bild weiter zum Positiven. Aus heutiger Sicht hatte die Realität nicht das Geringste mit dem Bedrohungsszenario zu tun, das mir mein Vater von den Menschen jenseits des Grenzzauns vermittelt hatte.

Welche Kontakte und Ereignisse waren außerdem prägend für dich?

Einmal wurden wir Zeitungsleute, der Kollege vom Bayerwald Echo und ich, wegen einer skurrilen Geschichte zur tschechischen Grenzwache gerufen. Wir durften über einen illegalen Grenzübertritt berichten. Ein Jesuitenpater war bei Furth spazieren gegangen und so in sein Brevier, so heißt das Gebet der Mönche, vertieft, dass er versehentlich über die Grenze kam. Dort wurde er festgenommen und verbrachte eine Nacht im Gefängnis. Die Beziehungen waren in den späten 80ern schon so gut, dass die Tschechen ihn gern wieder nach Deutschland zurück entließen und ein wenig positive Publicity für sich ernten wollten. Jedenfalls gaben uns die Tschechen nicht nur alle nötigen Infos, sondern füllten uns dermaßen mit Schnaps ab, dass wir unseren Schreibkünsten nicht mehr trauten. Einen Becherovka nach dem anderen schenkten sie nach. In Cola-Gläser! Zwischen unseren Blättern herrschte ein hartes journalistisches Konkurrenzverhältnis. In diesem besonderen Fall einigten der Kollege und ich uns darauf, die Aufzeichnungen noch einmal bei klarem Kopf zu überarbeiten und die Artikel erst einen Tag später zu veröffentlichen.

Deine Redaktion hat sicherlich nicht nur Tipps zu Grenzüberschreitungen, sondern auch zu Fluchtversuchen bekommen, oder?

Wir hatten ein Abkommen mit der Polizei, nicht darüber zu berichten. Ausnahmen bildeten spektakuläre Aktionen wie der Segelflieger, der in Roding landete. Fluchtwege, -umstände und -möglichkeiten sollten nicht verraten werden. Die tschechische Grenzpolizei las unsere Zeitung und hätte die Informationen für sich nutzen können. Auch bei dem Segler beschränkten wir uns auf die Aussage, dass er über den Voithenberg hereinkam. Mehr Details gab es nicht.

Wie war die Stimmung so nah an der Grenze? Nach solchen Fluchtversuchen und überhaupt?

Jeder hatte irgendwie Angst. Dabei gab es auch im Kalten Krieg versöhnliche Erlebnisse. Ein kleiner Bub lief versehentlich über die Grenze davon. Die Eltern riefen verzweifelt nach ihm. Plötzlich kamen tschechische Soldaten aus der Deckung und machten auf sich aufmerksam. Sie gestikulierten, dass der Bub bei ihnen sei, und brachten ihn zurück. Ohne große Formalitäten und ohne Gegenleistungen zu fordern. Die Eltern spendierten ihnen trotzdem Bier und Brotzeit. Bekannt durften solche kleinen Verbrüderungen erst nach der Grenzöffnung werden. Keiner traute sich, so etwas erzählen. Man hatte Angst, dass die Falschen mithören.

Und nach der Grenzöffnung?

Gleich nach der Grenzöffnung bekam ich ein dreimonatiges Dauervisum. Ich fuhr rüber, rein in die Dörfer und fotografierte. Mit Leuten kam ich selten ins Gespräch. Alle waren vorsichtig. Das lange gehegte Bild vom Feind bestand ja noch. Polizei und Armee waren so kurz nach der Öffnung noch immer präsent. Wirklich ins Gespräch mit jemandem kam ich erst später in einem Wirtshaus in Domažlice. Anfangs auch sehr zurückhaltend und abtastend. Dabei stellte sich heraus, dass die Tschechen viele Leute auf unserer Seite von früher kannten. Ich erteilte gern Auskunft, sofern ich es wusste, ob dieser oder jener ihrer früheren Freunde und Bekannten noch lebte. Das war das erste Mal, dass ich ein bisschen ins böhmische Gemüt hineinhorchen durfte. Im Februar 1990 fuhr ich mit einem Kollegen rüber. Wir wollten Fotos vom Abbau des Grenzzauns machen. Junge Soldaten. Die lachten uns entgegen, als sie uns mit den Fotoapparaten sahen. Keine Spur von Feindseligkeit. Auf diese Bilder bin ich heute noch stolz: Das war Weltgeschichte, was wir fotografierten. Nicht wie sonst Bastelkurse und Vereinsfeiern. Angestachelt von dieser positiven Erfahrung meinte der Kollege, dass wir gleich weiterfahren in die Höhle des Löwen, in das Brigade-Gebäude. Ein kasernenartiger Bau, gleich nach dem Further Übergang. Er wollte von der dortigen Führung erfahren, wie es an der Grenze weitergeht. Ich hielt das nicht unbedingt für eine gute Idee. „Wenn die uns wegsperren", sagte ich, „kein Mensch weiß, wo wir sind." Ich wollte mich aber keinen Feigling heißen lassen. Und Überraschung: Wir wurden superfreundlich empfangen. Der Brigadekommandeur gab bereitwillig Auskunft. Zum Schluss fragten wir anstandshalber, ob wir eventuell auch Fotos vom Grenzzaunabbau machen dürften. „Gerne", war die Antwort, „Sie können alles fotografieren." Wir bedankten uns und mussten keine Angst mehr haben, dass die Fotos, die wir bereits in der Tasche hatten, zu unangenehmen politischen Verwicklungen führen könnten. Diese Bilder sind heute Raritäten. Die Tschechen trauten sich nicht zu fotografieren. Sie waren noch zu verängstigt. Ich bekomme viele Anforderungen für Ausstellungen und Dokumentationen. In Berlin war ich in einem Museum und eines meiner Bilder hing drin. Schöne Sache. Im April 1990 hatte ich ein einschneidendes Erlebnis. Das erste Mal am Čerchov. Zu der Zeit war das noch militärischer Sperrbezirk. Ein Förster aus Domažlice hatte ermöglicht, dass Bürgermeister Reinhold Macho und der damalige geschäftsführende Beamte im Further Rathaus, Franz Thurner, und ich raufdurften. Dort fragte ich einen Holzarbeiter, ob er nicht ein Bild von uns mit Čerchov-Hintergrund machen könne. Fotografieren war hier noch strengstens verboten. Er tat es trotzdem. Am nächsten Tag war das Bild in der Zeitung. Die ersten deutschen Gäste auf dem tschechischen Grenzüberwachungsberg: eine Sensation. Meine von Kindesbeinen an fest verankerte Angst vor den Tschechen löste sich langsam auf und wandelte sich in Zuneigung und Respekt. Ein freier Mitarbeiter aus Tschechien unterstützte mich bald bei der redaktionellen Grenzlandberichterstattung. Klasse Informationen von drüben. Leider handschriftlich, aber es ging ja um die Inhalte. Auch interessant: Noch vor der Wende stand plötzlich ein junger schlaksiger Mann im Büro. Tscheche. Er fragte, ob wir schon wüssten, was sich in Tschechien zurzeit abspiele. Ein großer Umbruch sei im Gange. Mit dem Občanské fórum, dem Bürgerforum, habe sich ein starkes Sprachrohr der Streikenden etabliert. Wir konnten als eine der ersten Zeitungen mit Insider-Informationen vom Beginn der geschichtsträchtigen Samtenen Revolution berichten. Der junge Tscheche verschwand auf Nimmerwiedersehen. Keiner wusste, wie und woher er gekommen war. Unsere Redaktion unterstützte von da an das Občanské fórum. Mit Kopierpapier und Matrizendrucker – das war der Vorgänger der Kopiergeräte. Er stank fürchterlich nach Essig, aber man konnte Schriftstücke damit vervielfältigen.

Wie hat sich Furth durch die Grenzöffnung verändert?

Früher hatten wir Zoll, Polizei und die Speditionsbranche als Arbeitgeber und Wirtschaftsfaktor. Mit Schengen wurde fast alles überflüssig. Die Lastzüge stauten sich oft von der Grenzabfertigung bis nach Cham. Das war mit einem Mal vorbei. Dann kamen die tschechischen Arbeiter und wurden misstrauisch beäugt. Was wollen die bei uns? Eine Riesenangst, dass die den Arbeitsmarkt verderben. Heute zeigt sich, die Befürchtungen waren unbegründet. Wir bräuchten mehr von ihnen. Jetzt sind sie gern gesehen und das nicht nur als Arbeitskräfte. Das Zusammenwachsen läuft gut.

Angesichts dieser immer weiter wachsenden positiven Verbindung: Wie empfindest du das grenznahe Treiben mit Sextourismus und Spielcasinos?

Ich habe einmal 10 Euro in einem Casino verloren und bin nie mehr rein. Ein tschechischer Bekannter war in einem Casino angestellt und war erschüttert über die Schicksale, die sich dort abspielen. Leute, die alles verspielen. Geld, Haus, die ganze Existenz. Zum Rotlichtmilieu: Das ist ein schmutziges Geschäft. Traurig. Ich verstehe nicht, warum es so etwas geben muss. In Coronazeiten sind einige dieser Etablissements pleitegegangen. Wenigstens ein positiver Nebeneffekt.

Und das Crystal Meth-Problem? Jeder weiß, dass viele Drogen aus Tschechien nach Deutschland kommen.

Die Gefahr wurde von der tschechischen Politik lange unterschätzt. Man dachte, solange das Zeug über die Grenze geht, kann es uns egal sein. Bis sie gemerkt haben, dass auch tschechische Schulen massiv mit Drogenproblemen konfrontiert waren. Von deutscher Seite wurde ebenfalls zu lange nicht ernsthaft etwas dagegen unternommen. Jetzt kontrolliert die Bundespolizei an kleinen Grenzwanderwegen. Einen Beamten habe ich drauf angesprochen, warum sie nicht an den großen, verkehrsreichen Übergängen stehen. Er meinte, dass der Drogenhandel vorwiegend über die weniger bekannten Übergänge läuft. Bei einer Wanderung sah ich einmal zwei Autos und Leute, die etwas austauschten. Ich beobachtete sie eine Weile, dann bin ich auf sie zugegangen und habe so getan, als würde ich telefonieren. Als sie mich kommen sahen, sind sie ins Auto gesprungen und abgezischt.

Du bist viel in der Natur unterwegs: dein Lieblingsort?

Der Čerchov natürlich. Mir ging es eine Zeit lang schlecht: Burn-out. Ich wollte es nicht glauben, wehrte mich mit Händen und Füßen gegen die Krankschreibung. Letztendlich musste ich nachgeben. Der Arzt verordnete mir vor allem das Draußensein in der Natur. In dieser Zeit hat mir der Berg so viel gegeben. Nach ein paar Wochen sah ich Licht am Ende des Tunnels. Die Spaziergänge holten mich nach und nach aus dem Gedankenkreisel Arbeit. Ich sah und spürte, wie schön die Natur ist, fasste verschneite Zweige an und bewunderte glitzernde Eiskristalle. Seitdem ist der Winter meine liebste Jahreszeit. Mein Buch mit Wanderwegbeschreibungen habe ich dem Čerchov gewidmet. Auf Deutsch und Tschechisch. Das Zweisprachige hat mir drüben viele Sympathien gebracht.

Im Kalten Krieg war der Čerchov als Militärstützpunkt

überhaupt nicht zugänglich. Wer nutzte den Berg damals genau?

Die Russen nicht. Diese Feststellung ist den Tschechen eminent wichtig. Der Čerchov war immer ihr Berg. Als die Russen 1968 einmarschierten, wollten die tschechischen Soldaten verhindern, dass sie die Station besetzen. Sie drehten alle Čerchov-Wegweiser in Richtung Waldmünchen. Wir hätten uns nicht wundern müssen, wenn die Panzer aus Versehen den Waldmünchner Stadtplatz eingenommen hätten. Heute schmunzeln wir über solche Anekdoten. Damals empfanden wir die Situation alles andere als lustig. Ich erinnere mich noch gut daran, wie die Panzer drüben rollten. Ein dumpfes, bedrohliches Grollen. Von manchen Stellen aus konnte man die russischen Panzer sogar sehen. Wir dachten wirklich, jetzt kommt der Dritte Weltkrieg.

War es für dich trotzdem nie eine Option, diese Region zu verlassen? Könntest du dir überhaupt vorstellen, woanders zu leben?

Nein.

Was verbindet dich am stärksten mit dem Bayerischen Wald?

Der Wald! Die Faszination, die mit ihm verbunden ist. Wenn heute Trends wie Waldbaden erfunden und in der Werbung hoch aufgehängt werden, muss ich sagen, das machen wir schon seit ewigen Zeiten. Wir brauchen dazu keinen Trend. Wir gehen in den Wald, weil es schön ist und gesund. Nicht, weil es einen hochtrabenden Begriff dafür gibt. Tiere, Pflanzen, Flüsse, Bäche. Man entdeckt immer wieder Neues. Der Wald bietet einen unerschöpflichen und unschätzbaren Reichtum.

Sind deine Nachkommen auch heimatverbunden?

Ja. Die leben alle in der Nähe. Oft bin ich mit meinem fünfjährigen Enkel unterwegs. Dann erklärt er mir alles wie ein Wanderführer. Er geht gern mit mir in d' Schwammer. Das erinnert mich an die Zeit mit meinem Vater und ich freue mich drüber. Auch bei der Kleineren habe ich das Gefühl, dass sie die Natur gern mag. Die wandert mit drei Jahren schon den Lamberg rauf.

Wie wird sich der Bayerische Wald in den nächsten 20 Jahren entwickeln?

Ich hoffe, das Waldsterben hört auf. Der Waldumbau findet seit einigen Jahren verstärkt statt. Mit der Fichte ist es vorbei. Buche und Tanne darf es nicht auch noch erwischen. Man muss sehen, wohin sich das Klima entwickelt. Ich setze mich für jeden einzelnen Baum ein, damit keiner unnötig abgeholzt wird. Da kann ich auch unangenehm werden.

Welche Entwicklungen stören dich?

Wenn zum Beispiel die Mountainbiker immer mehr werden und die Wanderwege kaputtfahren. Die brettern ohne Rücksicht auf Verluste über historische Steige, die es schon seit über einem Jahrhundert gibt. Aber überwiegend ist hier sanfter Tourismus angesagt. Beim Langlaufen begegnet mir oft zehn Kilometer weit überhaupt niemand. Vielleicht auch deswegen, weil es am Čerchov nicht so flach wie anderswo ist.

Und welche Weiterentwicklung an der Grenze wäre wünschenswert?

Die freundschaftlichen Beziehungen sollten gepflegt werden. Inzwischen gibt es viele gemeinsame Veranstaltungen. Man spürt die Herzlichkeit, mit der wir uns heute begegnen. Miteinander feiern, organisieren, diskutieren, tanzen, lachen. Vielleicht können wir in Zukunft noch besser zusammenwachsen.

Früher habe ich gern Weißbier getrunken. Jetzt gibt es in Domažlice ein Kulturzentrum mit Brauerei. Die brauen elf verschiedene Sorten. Eins wird zum Beispiel nur im Morgengrauen gebraut und bei einer bestimmten Sternenkonstellation. Da arbeitet eine junge Braumeisterin mit einem alten, erfahrenen zusammen. Mir schmeckt das Domažlická 12 am besten. Schaum bis zum Schluss.

Danke

Während des Interviews haben zwei Telefone neben Karl gelegen, die von Zeit zu Zeit läuteten und piepsten. In den letzten fünf Minuten hat es unaufhörlich geklingelt und gerüttelt. Eine Nummer leuchtet auf. Er sagt, da müsse er rangehen, lehnt sich zurück und starrt ungläubig in die Luft. Während der Gesprächspartner ihn offensichtlich mit einer Vielzahl von Informationen füttert, bekommt Karl nur Satzfetzen heraus: „Ehrlich ... Ja, Wahnsinn ... Und weißt du wo?" Tränen stehen ihm in den Augen. „Sie haben das Mädchen gefunden, die Kleine lebt."

Obwohl er, von der guten Nachricht überwältigt, um Fassung ringt, bleibt er dem journalistischen Grundsatz treu, sich nicht auf eine singuläre Quelle zu verlassen. Er ruft Jan, einen befreundeten Förster in Domažlice, an. Ich darf mithören. Ja, vor fünf Minuten sei die Meldung hereingekommen. Der Förster Martin Semecky habe das Mädchen gefunden. Zwar unterkühlt, aber am Leben. Karl kennt auch diesen Förster. Natürlich. Eine SMS nach der anderen lässt sein Handy heiß laufen. Parallel telefoniert er auf dem Festnetz mit tschechischen Freunden.

Zázrak - ein Wunder!

DIE BÜCHSE DES PANDUREN

In Waldmünchen finden seit 1950 alljährlich die Trenck-Festspiele statt. Sie erzählen die Geschichte des Panduren-Oberst Franziskus Freiherr von der Trenck, der seiner lieben Kaiserin Maria Theresia im österreichischen Erbfolgekrieg einen Gefallen tun wollte. Nicht ganz uneigennützig: Es gefiel ihm nämlich recht gut, hier mal einen Ort in Schutt und Asche zu legen und dort mit seinem Säbel ein paar Köpfe abzuschlagen. Er und seine Reiter hinterließen eine Spur des Schreckens und verwüsteter Ortschaften in Bayern, bis sie im September 1742 vor Waldmünchen standen. Hier soll sich dann abgespielt haben, was die Zuschauer in „Trenck der Pandur vor Waldmünchen" mit viel Pferdegetrappel und Feuerschluckerromantik vor Rührung dahinschmelzen lässt:

Die schöne Katharina Schwab, welche sich Trenck bei der Einäscherung Chams unter den Nagel gerissen hatte, bezirzt ihn mit Leib und Seele. Sie erleidet in der Honeymoon-Suite des Gasthofs zur Post einen philosileptischen Anfall und schleudert ihm die Worte „durch Liebe kehren sich alle Sinne zum Besseren" entgegen. Trenck hat die Faxen dicke. Er lässt sich nach Mafia-Manier von den Waldmünchnern Schutzgeld zahlen, übereignet das verwirrte „Schwabenkatherl" unentgeltlich dem kriminellen Soldaten Horvat und galoppiert so schnell und weit von Waldmünchen weg, wie es sein treuer Araberhengst Mariuzza zulässt. Wer mehr über das Warum und Wieso wissen will, fährt zu gegebener Zeit nach Waldmünchen und sieht sich das Stück an oder zieht sich die Zweiminutenversion auf YouTube rein.

Weit schwieriger gestaltet es sich, die Geschehnisse rund um Trencks Kurzbesuch in Cham amüsant darzustellen. Von Frauen, die sich aus Angst vor den Panduren in den Fluten des Regen ertränkten, wenn sie ihnen denn überhaupt entkamen, und von Familien, die in ihren Häusern verbrannten, wäre zu berichten. Demzufolge müsste das Schauspiel mit der Altersbeschränkung „nur für hart gesottene Erwachsene" bedacht werden. Kurzum: Es wäre kein Geld damit zu verdienen.

Doch es gibt Hoffnung. Bei Renovierungsarbeiten am historischen Chamer Biertor wurde kürzlich ein Manuskript aus dem Jahre 1742 gefunden. Es stammt aus der Feder von Fritz Johann Luckner, Bruder des berühmten Chamer Dramatikers Franz Joseph Luckner. Der angeblich minderbemittelte Fritz soll den größten Teil seines Lebens in Heilanstalten und seine letzten Jahre im feuchten unterirdischen Kerker des Biertors gefristet haben. Dort brachte er „Die Büchse des Panduren - ein trauriges Lustspiel in drei Aufzügen" zu Papier.

Es revolutioniert die Chamer Geschichtsschreibung. Bislang unbekannte Fakten lassen Trenck in einem neuen, sympathischeren Licht erscheinen. Fritz deutet im Begleitwort an, dass nicht Trenck für die verheerenden Brände in Cham verantwortlich war. Vielmehr sei seinem Bruder Franz Joseph bei einem Stelldichein in einem Vorratsspeicher der Propsteistraße glühende Pfeifenasche ins Stroh gefallen. Aus Angst, der Gatte seiner Gespielin könne die Situation richtig interpretieren, benachrichtige er nicht die Feuerwehr, sondern ließ dem Magistrat ein Bekennerschreiben mit der gefälschten Unterschrift Trencks zukommen.

Doch nun zum Stück.

DIE BÜCHSE DES PANDUREN

1. Aufzug

Max, Ferdl und Hans in der Gaststube des Rhanerbräukellers. Der Wirt poliert mit einem verfilzten Hasenfell und Lungenspucke den Tresen. Er schenkt den Stammgästen ab und an nach.

FERDL: Mir dünkt, es brennt der Hut.
MAX: Das ist nicht gut.
FERDL: ´S ist nicht der Hut allein,
trauter Geselle,
und nicht zum Lachen.
Ich brauche kühlen Wein
jetzt auf die Schnelle
für Lippen, Zunge, Mund und Rachen.
HANS: Du mit deinem Wein.
Wirt, schenk er ihm ein Dünnbier ein!
WIRT: Okeh.
FERDL: Ohweh.
MAX: Freunde, horchet meiner Rede,
luset, sperret auf die Ohren,
faltet die Hände zum Gebete,
Reiter stehen vor den Toren.
Sie werden rauben, plündern, morden.
HANS: Und bekommen dafür Orden
von der wilden Kaiserin.
WIRT (schenkt ein):
Meinst du die blöde Kuh aus Wien?
HANS: No frählich, dö Marie Theräs.
Gonz earlich, ächt und ohne Schäs.

MAX (zu Ferdl):
Höhö, ich wusste bisher nicht,
dass Hans auch fremde Sprachen spricht.

FERDL: Und frei von jedwedem Akzent.

MAX: Soweit ein Chamer das erkennt.
Doch, wie gesagt, kam mir zu Ohren
das Gerücht von den Pandoren.

HANS: Geh heast, des haast doch wohl
Panduren.
Pandoren sand griechische Froon oos
Batz.
Kennts ihr ägentlich des leiwande
Graz?

MAX: Könntest du es unterlassen,
die Rede österreichisch zu verfassen.

HANS: Wannst ma sagerst, warum und wieso,
dad e dös glä und gean fia di do.

MAX: Gesprochen war's gar schnell gewesen,
doch umso schwerer ist's zu lesen.

FERDL: Was ist jetzt los mit den Panduren?

MAX: Die reiten, saufen, raufen, huren.

WIRT: Saufen hört sich nicht schlecht an.
Und die kommen bald nach Cham?

HANS (ängstlich):
Still! Was grollt in weiter Ferne?

FERDL: Ich hör's, doch hör ich es nicht gerne.

MAX: Hufe donnern durch die Gassen,
Mäuler johlen und es rasseln
Säbel in den Satteltaschen.
Fremde! Wilde! Ungewaschen!

HANS: Oberst Trenck in erster Reih!

FERDL: Gott im Himmel, steh uns bei!

2. Aufzug

Rhanerbräukeller. Pferdewiehern von draußen. Ferdl kaut an den Nägeln. Max pfeift „La Paloma“, um seine Angst zu überspielen. Hans arbeitet unbeeindruckt am vierten Liter weiter. Es klopft.

WIRT: Herein, wenn's kein Pandur ist.

(Trenck betritt mit zwei ausladenden Schritten den Raum und schlägt die Hacken zusammen.)

WIRT: Mist!

FERDL (überwältigt):

Seht nur, welch ein Bild von Mann
in Uniform mit Quasten dran.
Drei Fuß breit, gut sechs Fuß lang
und im Maul fehlt ihm kein Zahn.

MAX: Man sollte sich nicht täuschen lassen
von Zahnersatz und Körpermaßen.
Müsst er den hohen Hut abnehmen,
würd er sich seiner Kürze schämen.

TRENCK (zieht den Säbel):

Tumbes, faules Chamer Pack!
Seht ihr nicht, wer vor euch steht?
Wisst ihr nicht, worum es geht?
Ihr schlagt mir mächtig auf den Sack.

HANS: Entschuldigung, Herr Dschingis Khan.

FERDL: Ich glaub, da hast du dich vertan.
Doch die Lösung liegt recht nah,
der Herr riecht sehr nach Attila.

TRENCK (verunsichert):

Bin kein Hunne, kein Mongole,
kein Düsseldorfer und kein Pole.

(Er klopft mit dem Säbel dreimal nach Art der Zimmerleute auf der

Walz auf den Boden.)

Um mein Handwerk zu beleben,
muss ich dem Pferd die Sporen geben.
Frage oft nach Geld und Gut,
wie das so mancher Reiter tut.
Bin Oberst im Pandurenstand
und marodiere durch das Land.
Einer, der gar unverzagt
sich in tiefste Wälder wagt.

(Der Wirt holt den entsicherten zweiläufigen Doppelbock hinter dem Tresen hervor und legt auf den neuen Gast an.)

Brüder, legt die Flinten nieder
und die Degen aus der Hand,
sonst sehen wir uns alsbald wieder
im neblig-finstern Geisterland.
Ich bin der Trenck und möchte trinken,
wie mein Name es besagt,
solange noch die Sternlein blinken,
bis dass des Morgens Röte tagt.

HANS: Ein tolles Gedicht.

FERDL: Find ich nicht.

WIRT: Kann der werte Herr auch zahlen
oder nur mit Reimen prahlen?

(Trenck greift ruckartig in die Innentasche seiner Uniformjacke. Der Wirt drückt ab. Ladehemmung! Trenck wirft einen Lederbeutel mit 50 Species-Dukaten auf den Tisch. Erleichterte Gesichter.)

HANS: Herzlichst willkommen sei Herr Trenck
und mit ihm sein Gastgeschenk.
So schwenken wir die weiße Fahne.
Johann Micheal Schwab mein Name.
Als Kämm'rer wurd ich eingestellt,
gern verwalte ich dein Geld.

Lieber bestechlich als erstochen.
Lieber die Kruste als den Knochen.
Lieber Gast, ich frage nun:
Was kann Cham dir Gutes tun?

3. Aufzug:

Immer noch Rhanerbräukeller. Die Gäste sitzen sturzbetrunken am Tisch. Der Wirt bedient sich nach jeder Runde aus dem Lederbeutel, dessen Inhalt Trenck der Stadt für soziale Zwecke gespendet hat. Gegen 5 Uhr morgens betreten 4 aufgrund der guten Verdienstmöglichkeiten in Cham sesshafte gewordene Wanderhuren singend den Raum. Der Wirt nickt ihnen zu. Sie heben die Rüschenröcke hoch und verteilen sich gerecht auf die Schöße der Herren.

FERDL: Pläsierlich trällern die Nachtigallen.
MAX: Die Zeiger drehn sich windgeschwind,
wenn das mal nicht schon Lerchen sind.
HURE 1: Wir sind vom Liebesbaum gefallen,
prall und saftig. Wie frisch gepflückt.
TRENCK: Ich werd verrückt. Ich bin entzückt.
HURE 2 (singt mit Reibeisenstimme):
Hinter der Latrine,
draußen am Biertor,
stand ich oft sehr gerne
und du, du standst davor.
HURE 3: Sitz ich hier richtig auf dem Trenck?
HANS: Herr Trenck, das wär dann mein
Geschenk.
TRENCK: Liebreizend ist sie, nett und fein.
HANS: Sie ist ja auch mein Töchterlein.
HURE 3: Katharina ist mein Name.

Darf ich Ihre Herzensdame
sein? Für jetzt und alle Zeit.

TRENCK: Das geht mir aber doch zu weit.
Ins Zelt magst du mich gern begleiten
und mit mir nach Waldmünchen reiten.

MAX: Waldmünchen? Wenn man fragen darf:
Darauf ist doch keiner scharf.

FERDL (lallt):
Genau.
Keine alte Sau.

TRENCK: Kathi soll den Waldmünchnern berichten
vom Morden, Plündern und Vernichten
hier in Cham.
Angst und bang
wird denen.
Und der Drang zu überleben
zwingt sie, sich kampflos zu ergeben.

MAX: Ein guter Plan.

HANS: Ein kluger Mann.

TRENCK: Die Tochter bring ich bald zurück.

HANS: Nicht nötig. Ich wünsch euch viel
Glück.

MAX: Lasst euch nicht lynchen!

FERDL (im Halbschlaf):
In Waldmünchen.

HURE 3: Vater, liebster Vater mein,
wie es kommt, so wird es sein.

TRENCK (mit vorgehaltener Hand zu Hans):
Mir dünkt, sie wiegt ein wenig schwer.
Vielleicht schenk ich sie alsbald her.
Sag, wär es ein Problem für dich,
gäb ich sie meinem Fähnrich?

HANS: Ist jener wohl kreuzbrav und lieb?
TRENCK: Nein, ein gemeiner Pferdedieb.
HANS: Klingt auch nicht schlecht.
Heißt, mir ist's recht.

(Dem Wirt, der kräftig mitgebechert hat, fällt die Schrotflinte aus der Hand. Ein Schuss löst sich. Er wird über die Theke hinter den Tresen geschleudert. Donnernder Applaus.)

Der Vorhang fällt, öffnet sich wieder. Alle Schauspieler stehen in einer Linie nebeneinander, verbeugen sich und stimmen gemeinsam mit dem Publikum die Panduren-Hymne an:

Oh, Waldmünchen, Stern des Südens,
du wirst niemals untergehn,
weil wir in guten wie in schlechten Zeiten
als Chameraden zu dir stehen.

Oh Waldmünchen, Festspielmeister,
die Panduren fallen ein.
Ja, so war es und so ist es
und so wird es immer sein.

ENDE

WICHTIGER HINWEIS:
Keiner der erwähnten Luckner-Brüder ist mit Johann Nikolaus Graf Luckner zu verwechseln. Der gebürtige Chamer lebte zwar ebenso im 18. Jahrhundert, erntete seinen Ruhm jedoch vorwiegend im militärischen Gewerk. Der Sohn des Bierbrauers, Gastwirts und Hopfenhändlers Samuel Luckner brachte es bis zum Marschall von Frankreich. Ihm zu Ehren wurde das Kriegslied der Rheinarmee

komponiert, welches später zur französischen Nationalhymne (Bouillabaisse) wurde. Als er 1743 ein letztes Mal Cham besuchte, fand er seine Heimatstadt verwüstet, sein Geburtshaus niedergebrannt vor. Trenck der Pandur hatte ein Bild des Grauens und eine verarmte Bevölkerung hinterlassen. Dem mit militärischen Auszeichnungen dekorierten Graf Luckner ist aus heutiger Sicht anzukreiden, dass er es nicht für nötig befand, ein paar Soldaten zusammenzutrommeln und den Panduren vor Cham die Bärte aus dem Gesicht zu schlagen.

Am 4. Januar 1794 trennte die Guillotine Luckners Kopf vom Körper. Auch wenn die offizielle Geschichtsschreibung seine starrsinnige Royalisten-Haltung als Grund für die Hinrichtung angibt, liegt die Wahrheit in der fast schon sprichwörtlichen Rachsucht der Chamer. Stadtkämmerer Schwab soll erbost darüber gewesen sein, niemals finanzielle Gefälligkeiten von Luckner erhalten zu haben. Gleichzeitig verband ihn ein freundschaftliches Verhältnis zum französischen Revolutionsführer Maximilien de Robespierre, der Luckner in Paris verhaften und bis zu seiner Hinrichtung wegsperren ließ.

ANMERKUNG ZUM WICHTIGEN HINWEIS:
In Cham gibt es heute den Kanuclub „Graf Luckner". Natürlich würden es die Kanuten niemals zugeben, dass sie sich bei der Namensgebung um knapp 160 Jahre und über 200 Kilometer Luftlinie vertan haben. 1981 wurde nämlich in Dresden ein gewisser Felix Graf von Luckner geboren. Dieser erlangte Ruhm und Ehre, weil er im Ersten Weltkrieg als Kapitänleutnant und Kommandant des Hilfskreuzers Seeadler die britische Seeblockade durchbrach. Während sich Felix also bei hohem Wellengang in seinem Element

fühlte, war Johann Nikolaus ein Nichtschwimmer, den schon beim Überqueren der Regenbrücke die Seekrankheit ereilte und geschwinden Fußes in die nächstgelegene öffentliche Toilette trieb.

ERGÄNZUNG ZUR ANMERKUNG ZUM WICHTIGEN HINWEIS:

Der ehrenwerte Kanuclub „Graf Luckner“ ist nicht zu verwechseln mit kommerziellen Kanu- und Bootsverleihern, die im Regental ihr Unwesen treiben. Deren Kunden fallen wie einst die Panduren saufend und plärrend im Paddelschweinsgalopp über die Flussläufe des Bayerischen Waldes her. Sie urinieren hordenweise in ufernahe Gärten und verschandeln mit entblößten paprikarot glänzenden Oberkörpern die Landschaftsästhetik der Flussauen. Sie hinterlassen an geschützten Rückzugsorten heimischer Tierarten ihre Einweg-Grills samt Plastikmüll, aus dem sie vorher mit dem Überlebensmesser Discounter-Barbecue-Fleischbatzen geschält haben.

Bereits 1996 sah sich das Landratsamt Cham gezwungen, unter der Verkehrsnummer 40-641/15-00 eine Verordnung zum Schutz der Regentalaue zwischen Cham und Pösing herauszugeben, die das Befahren während der Vogelbrutzeit vorübergehend untersagte. 2020 wurde der kommerzielle Bootsverleih aufgrund der katastrophalen Zustände sogar gänzlich verboten. Daraufhin tarnten sich findige Geschäftemacher als Vereine. Die „Vereinsboote“ verliehen sie satzungsgemäß zu ihrem persönlichen finanziellen Gemeinwohl. So vül gscheite Menschen san im Woid dahoam.

Die renommierte Spiegelauer Dependance der Fachhochschule Deggendorf wurde mit einer Studie beauftragt, die im direkten Vergleich klären soll, ob der Kanu-Tourismus im Bayerischen Wald mehr Schaden an Natur, Charakter, Leib und Seele anrichtet als die Brandschatzungen und Plünderungen der Panduren. Außerdem soll die Fakultät „Regional Discrimination Management and Embedded Future Presence“ belastbare Ergebnisse zur Frage liefern, ob auf uneinsichtige Paddelbootverbrecher die seinerzeit für Panduren gängigen Schimpfwörter „Krowott“ (Kroate), „Schlawiner“ (Slowene) und „Schlawak“ (Slowake) angewandt werden dürfen beziehungsweise ob diese den verschärften Anforderungen der aktuellen Kommunikationsethik gerecht werden. Die auf zehn Jahre ausgelegte Studie wird mit EU-Geldern in Höhe von 120 Millionen Euro gefördert.

LUSEN. KÖNIG DER BERGE

Mit 1373 Metern zählt der Lusen zu den formidableren Erhebungen des Bayerischen Waldes. Er entstand vor 320 Millionen Jahren durch das Aufeinanderstoßen von Kontinentalplatten und bildet einen Rest des variszischen Gebirges. Bei einem variszischen Gebirge handelt es sich um ein komplexes Decken- und Faltengebirge. Der Name stammt von den Varisziern, einem alten bayerischen Volksstamm. Der Lusen gehört uns Bayern demnach seit Menschengedenken.

Der Bayerwäldler ist stolz auf seinen Lusen, auch wenn er einräumen muss, dass irgendetwas mit dessen Wachstumshormonen nicht in Ordnung zu sein scheint. Der Mount Everest, der sich erst vor 20 Millionen Jahren durch die Kollision der tektonischen Platten Indiens und Eurasiens ausstülpte, misst immerhin über 8.000 Meter. Der Lusen wuchs in der 16-fachen Zeitspanne weniger als ein Sechstel so hoch. Anders gesagt: Hätte sich der Mount Everest an der Wachstumsgeschwindigkeit des Lusen orientiert, wäre er heute nicht einmal 20 Meter hoch. Die Erstbesteigung des Mount Everest erscheint dadurch in einem anderen Licht. Der als Held gefeierte Edmund Hillary war nichts anderes als ein Flachhügelwanderer. Endlich wird auch klar, warum ängstliche Bergsteiger-Gurus wie Reinhold Messner lieber durch den Himalaya flanierten als sich den extremen Herausforderungen einer Lusen-Besteigung zu stellen.

Nicht nur die potenzielle Höhe des mächtigen Lusen flößt Angst ein. Ähnlich wie bei Kindern, gibt es bei Granitgestein Wachstumsverzögerungen und Wachstumsschübe. Geologen halten es für wahrscheinlich, dass der Lusen sein

Wachstum in einem stark komprimierten Zeitfenster nachholt. Er könnte von einem Tag auf den anderen die Verzögerung ausgleichen und bis zu 10.000 Meter in die Höhe schießen. Alpinisten, die sich in dieser Phase an den Steilwänden und Überhängen des Lusen versuchten, wären ausnahmslos dem Tod geweiht. Der Schicksalsberg würde sie abwerfen wie ein zugekokster Rodeo-Bulle, würde ihre Gliedmaßen in seinen tiefen Schluchten zerschellen lassen. Er würde Rache nehmen für die Jahre der hochalpinen Geringschätzung, würde Feuer speien, würde Zugspitze, Matterhorn und Mont Blanc in einen undurchdringlichen Aschenebel hüllen und endlich der sein dürfen, der er schon immer war: der König der Berge.

Im Vorfeld unseres Ausflugs hatten wir den kostenlosen Online-Reiseführer „Superwandern in Superbayern" heruntergeladen. Er empfahl, spätestens um 9 Uhr am Parkplatz Waldhausreibe einzutreffen, da dieser danach für Fahrzeuge gesperrt werde. Allerspätestens.

Ich fuhr gerade aus dem Hof, als meine Freundin die Sonnenblende herunterklappte und spitz aufschrie.

„Was ist denn, hast du dir wehgetan?", fragte ich besorgt.

„Meine Augen!"

„Was ist mit deinen Augen?"

„Sieh her!"

„Und?"

Äußerlich konnte ich keine lebensbedrohende Krankheit erkennen. Doch bin ich kein Arzt und war deshalb auf das Schlimmste gefasst. Grauer Star? Grüner? Spontane Totalerblindung?

„Wir müssen zurück. Ich habe bloß auf einer Seite Lidschatten aufgetragen."

„Das sieht doch keiner."

„Du vielleicht nicht. Halt an, kehr um!"

„Wir haben keine Zeit, der Parkplatz macht in 14 Minuten und 17 Sekunden zu."

„Kehr um! Ich beeile mich."

„Kannst du das Zeug nicht einfach vom anderen Auge wegwischen? Dann sehen sie doch wieder gleich aus."

„Spinnst du? Wenn du gleich umgekehrt wärst und dich nicht als Experte in Frauenangelegenheiten profilieren wolltest, wäre ich längst fertig."

Ich hatte keine Wahl.

Sie verschwand.

Nach gefühlt drei Stunden, es mögen 20 Minuten gewesen sein, schlenderte sie wieder aufs Auto zu. „Ich hab mir schnell was anderes angezogen. Was meinst du, passt das?"

„Mhm", antwortete ich mit geschlossenem Mund, um nichts Unbedachtes zu antworten.

„Warum mhm? Sieht es blöd aus oder was?"

Sie stieg ins Auto.

Ich musste mich zusammenreißen. Es war einer dieser Tage, an dem ich ihr nichts recht machen konnte. Ich war nicht gewillt, den sonnigen Morgen zu einem verlorenen Tag werden zu lassen, und lächelte sie an: „Sieht gut aus, die neue Wimperntusche."

„Lidschatten", verdichtete sie ihre Abneigung gegenüber männlicher Ignoranz im Allgemeinen und der meinen im Besonderen in drei schmallippig und verächtlich herausgestoßenen Silben.

„Mein ich ja, Schatz. Der sieht gut aus."

„Ich hab keinen drauf. Hab ihn weggewischt, so wie du gesagt hast. Und jetzt bist du wieder nicht zufrieden."

„Aber wegwischen hättest du ihn doch im Auto auch können."

Dadurch, dass sie die Arme vor sich verschränkte und missmutig auf ihre Kniescheiben starrte, bedeutete sie mir unmissverständlich, dass ich von nichts auch nur die entfernteste Ahnung hätte. Auf ihre nackten Knie konnte sie sich im Übrigen so hervorragend fokussieren, weil sie nicht mehr ihre Breitcord-Kniebundhose trug, sondern das leichte Strandkleidchen vom Ibiza-Urlaub. Ich hätte dieselbe Diskussion beginnen können wie jedes Mal. Dass ich es zu durchsichtig finde. Worauf sie geantwortet hätte, das sei nicht der Fall, und wenn doch, ob sie es sich mit ihrer Figur etwa nicht leisten könne, so etwas zu tragen.

Nein! Ich wollte heute noch wandern.

Der Parkplatz Waldhausreibe war gesperrt.

Ich zwang mich, freundlich zu bleiben: „Kein Problem. Wir können den Igelbus nehmen. Der fährt vom Parkplatz davor im Fünfminutentakt weg, stand im Reiseführer. Igelbus, das hört sich doch niedlich an, Schatz."

„Find ich auch", überraschte sie mich.

Sie wollte es sich mit mir nicht verderben. Schließlich hatte sie die farblich perfekt zum Kleidchen passenden Flipflops an.

„Wo sind die Wanderschuhe?", fragte ich behutsam.

„Du sagtest doch, es wären nur 4,2 Kilometer. Ich finde es lächerlich, sich für einen Spaziergang auszurüsten, als wolle man den Kilimandscharo erklimmen. Fehlt bloß noch die Sauerstoffmaske."

Mit „lächerlich" meinte sie mich.

Sie war auf der sicheren Seite. Wir hatten dieselbe Schuhgröße. Und meine katholische Erziehung gebietet es, dem oder der Nächsten in Zwangslagen selbstlos beizustehen, egal ob er oder sie das Dilemma mutwillig herbeigeführt hat.

Zwei Stunden waren vergangen. Kein Igel in Sicht.

Erst gegen Mittag sah ich einen heruntergerissenen, ausgebleichten Zettel neben der Fahrplaninformationsschildstange auf dem Boden liegen. Er klärte uns darüber auf, dass die Haltestelle derzeit nicht angefahren wird.

Wir marschierten los in Richtung Waldreibe.

Auf halbem Weg dorthin, bei Kilometer Einskommasieben, war der Schuhtausch vollzogen.

Natürlich hatte sie nicht gefragt, ob wir tauschen können. Sie hatte auffällig zu hinken begonnen, jammerte halblaut in sich hinein und ließ sich zurückfallen. Nach jeder Biegung musste ich warten, bis sie sich leidend wie Jesus auf dem Kreuzweg heranschleppte. Als ich sie fragte, ob sie etwa meine Schuhe haben wolle, sah sie mich mit einem dankbaren und unterwürfigen Augenaufschlag an, von dem sie wusste, dass er das Blut meiner karitativen Ader in Wallung brachte. Sie war so heilfroh, dass sie nicht einmal in meine Stiefel hineinroch, wie sie es in weniger prekären Situationen demonstrativ zu tun pflegte. Meine Mildtätigkeit und ihre unausgesprochene Zustimmung, dass ich immer und überall recht habe, versöhnten uns.

Lusen, wir kommen!

Der Wanderweg war bestens markiert und Analphabetentauglich ausgeschildert. Es stand nicht „Da geht es lang“ oder „Du befindest dich hier“ auf den Wegweisern. Wir mussten lediglich den Luchsbildern folgen. Ein breiter Pfad, den man außerhalb des Nationalparks Highway nennen würde, führte nach oben. Auf einem Schild lasen wir, dass die Wege deshalb so gut ausgebaut waren, weil im späten Mittelalter viele Fernhandelswege durch den Bayerischen

Wald verliefen. Im 19. Jahrhundert wurden sie teilweise zu Straßen erweitert. Ich spürte, dass wir dasselbe dachten: Mit dem Vierrad-SUV unseres Nachbarn wären wir in zwei Minuten oben. Keiner von uns gab sich die Blöße, es auszusprechen.

Sie fragte halbherzig, ob wir nicht wieder Schuhe tauschen wollten. Obwohl ich mir gerade einen Zweig unter den rechten großen Zehennagel gerammt hatte, schüttelte ich heldenhaft den Kopf. Sie wirkte erleichtert.

„Du musst die Füße besser anheben, nicht so schlurfen", empfahl mir die Wanderfachfrau und demonstrierte den Storchengang, wie man ihn von runzeligen Kurgästen im Kneippbecken her kennt.

„Ich weiß."

So ein Wald ist etwas Herrliches, wenn man ihn Wald sein lässt. Warum nur lässt man ihn nicht? Wieso will man ihn aufpeppen, upgraden, pimpen, sensationalisieren? Mit Kunst beispielsweise. Waldkunst sozusagen. Wir wanderten an einer der weniger katastrophalen Auswüchse dieser Spezies vorbei, der Glasarche. Das heißt, eigentlich wanderten wir aufgrund meiner begrenzten koordinativen Fähigkeiten nicht wirklich daran vorbei. Die Souveränität meines Storchengangs litt unter dem Versuch, beiläufig zur Seite blicken zu wollen. Ich stolperte, fiel, drehte mich auf den Rücken und sah über mir einen salatschüsselgroßen hölzernen Fingernagel.

Das Woid-Kunstwerk entstand als bayerisch-böhmisches Kooperationsprojekt und misst ungefähr 5 Meter. Ein türkisfarbenes Glasboot liegt in einer riesigen hölzernen Hand. Ich bin kein Kunstkenner. Vielleicht gefiel mir die Arche deshalb. Sie erinnerte mich an die grüne, mit Krokantschokoladeneiern gefüllte Kristallglasschale, die meine

Mutter auf den Tisch zu stellen pflegte, wenn samstagabends „Daktari“ im Fernsehen kam. Kunst muss nicht schön sein und das Schöne keine Kunst.

Außerdem konnte ich hier meine geschundenen Füße auf einer Bank hochlegen und sie mir von meiner Freundin in Ermangelung einer schmerzstillenden Salbe mit Tiroler Sonnenöl einschmieren lassen. Die klaffende Zehennagelwunde blutete kaum. Eigentlich überhaupt nicht. Der winzige Zweig hatte nur den Dreck unter dem Nagel herausgekratzt. Egal.

„Wird es schon besser?“, fragte sie.

„Nicht so recht. Aua. – Weißt du eigentlich, was es mit dieser Glasarche auf sich hat?“, startete ich einen Versuch, die Verweil- und Massagedauer zu verlängern.

„Nein. Du etwa?“

„Selbstverständlich. Es begab sich vor langer Zeit, dass die böse Hexe Finsteraua im Bayerischen Wald ihr Unwesen trieb. Sie war von so anmutiger Gestalt und blendender Schönheit, dass sie auf den ersten Blick von allen für eine jungfräuliche Prinzessin gehalten wurde …“

Eines Tages ging sie in den Wald, um Zutaten für ein teuflisches Gebräu zu sammeln. Ihr Weg führte an drei grobschlächtigen Holzknechten vorbei. Sie pfiffen dem attraktiven Mädchen nach und bedachten sie mit unflätigen Worten und Gesten. Als Finsteraua sich umwandte und ihnen vielversprechend zublinzelte, statt, wie sie es von anderen Frauen kannten, schleunigst das

Weite zu suchen, staunten die Waldarbeiter nicht schlecht. In lasziven Bewegungen näherte sich die Hexe und ließ ihre Bluse über die Schulter rutschen. Die Männer verstummten mit offenen Mäulern.

„Gefall ich euch, ihr fleißigen Gesellen,
ihr starken Männer, die Bäume fällen?"

Die drei nickten.

„Was ihr wünscht, kann ich mir denken.
Ich kann und will euch reich beschenken."

Wieder nickten die drei. Der mit den meisten Zähnen im Mund streifte die Träger seiner Latzhose ab. Der Zweite knöpfte sein Hemd auf, der Dritte machte sich mit den sechs verbliebenen Fingern an seinem Hosenstall zu schaffen.

„Holde Jünglinge, haltet ein,
erst morgen wird es so weit sein."

Finsteraua erzählte ihnen, dass sie Kräuter für einen magischen Trunk sammle. Dieser werde ihnen Lust und Befriedigung bereiten, wie sie es niemals zuvor erlebt hätten. Die Arbeiter murrten, stimmten aber der verlockenden Perspektive wegen zu. Was sie nicht wussten, war, dass Finsteraua erst kürzlich zur zweiten Vorsitzenden der Feministischen Frauenfront Grafenau/Hohenau gewählt worden war.

Die Hexe verschwand wieder im Wald und machte sich auf die Suche nach der seltenen Heilpflanze Gebärmutterwurz, die ausschließlich an den verschatteten Waldhängen des Lusen gedieh. Nur zu finden, wenn eine bestimmte Zauberformel gesprochen wurde, auf welche die Pflanze mit einem hohen Zirpen antwortete und dadurch ihren Standort verriet.

„Meum athamanticum
Diliriensis tonicum
Lirum larum ursus
Canta tuum locus."

„Zirpedizirp, zirpedizirp", tönte es von allen Seiten zurück.

Die Hexe grub die Wurzeln aus, steckte sie in einen Leinensack und warf ihn sich auf den Rücken. Wieder daheim setzte sie auf offenem Kaminfeuer den Sud an, der sich in schnellgärende Maische verwandelte. Diese unterzog sie einem doppelten Brennprozess und verdünnte das Ergebnis auf 68 Volumenprozent herunter. Da „Gebärmutterwurz" für das Etikett zu lang war, schrieb sie mit einer in Bärenblut getauchten Steinadlerkralle „Bärwurz" auf die Flasche. Sie nahm einen Schluck und erkannte sofort, dass das wundersame Elixier seine Wirkung nicht verfehlen würde.

Die Holzknechte saßen tags darauf mit frischem Waldquellwasser gewaschen und lüsternen Blicken auf einem Baumstamm. Als sich die Hexe näherte, traten ihnen die Augen aus den Höhlen. Finsteraua hatte ihren Dutt geöffnet und ließ ihr rabenschwarzes Haar bei jedem Wiegeschritt durch die letzten Frühnebelschwaden wallen. Sie trug lediglich Netzstrümpfe, ein fliederfarbenes Seiden-Negligé und High-Heels in blutrotem Lackleder. Die Kinnladen der Männer drohten sich auszurenken.

„Nun steh ich hier, wie ich's versprach
und komme euren Wünschen nach.
Dies Gesöff wird euch ergötzen,
in Ekstase euch versetzen,
wird Herz und Blut in Wallung bringen.
Gleich hört ihr tausend Englein singen."

Jeder müsse mindestens fünf kräftige Schluck trinken, um das Freudenfest der Sinne auskosten zu können. Sie gehorchten, rissen sich gegenseitig die Flasche aus den Mäulern und saugten den Gebärmutterwurz bis auf den letzten Tropfen aus. Die Macht des Zaubertrunks setzte ein. Orientierungslos taumelten sie zwischen den Fichten, schlugen sich die Köpfe an den Baumrinden blutig und stolperten über Wurzelstöcke. Nach einer Weile blieben sie wie gelähmt im Moos liegen.

Das kalte Schaudern überkam sie aber erst, als sie ihre trüben Blicke Finsteraua zuwandten. Anstelle des verführerischen Vamps stand jetzt ein buckeliges, warzennasiges Weib vor ihnen. Die Hexe hatte wieder ihre ursprüngliche Gestalt angenommen.

Die Waldarbeiter fühlten sich hinters Licht geführt. Sie wollten lauthals gegen die Vorspiegelung falscher Tatsachen protestieren, waren jedoch nur noch zu einem schwachbrüstigen Lallen in der Lage. Die Hexe drosch mit einer Weidenrute auf sie ein und eröffnete ihnen, dass künftig alle männlichen Bayerwäldler dazu verdammt seien, in dieser Art und Weise zu sprechen. Es erhob sich ein mächtiger Sturm und aus schwarzen Wolken ergossen sich unendliche Sturzbäche.

Bald stand den Arbeitern das Wasser bis zum Hals. Keiner von ihnen konnte schwimmen. Finsteraua versprach ihnen, ein Rettungsboot zu zaubern, wenn sie ihr frauendiskriminierendes Verhalten für immer ablegten. Der Gebärmutterwurz jedoch hatte sich zu stark auf das Reaktionsvermögen der Waldarbeiter ausgewirkt. Sie ertranken jämmerlich, bevor sie nicken konnten. Und zusammen mit der Sintflut versickerten sie für alle Zeit im Lusen.

„Wenn der frostige Böhmische Wind durch die Baumwipfel heult, nennen die Einheimischen das Geräusch noch heute ‚Wehklagelied der versoffenen Holzhauer'."

„Und was hat das alles mit der Glasarche zu tun?", fragte meine Freundin, die aufgehört hatte zu massieren, weil sie kurz eingeschlafen war.

„Eine künstlerische Metapher. Das Boot aus Glas als bildhafter Verweis auf die Zerbrechlichkeit der Hoffnung auf Rettung vor dem Untergang. Zugleich ein Mahnmal zu Ehren der mächtigen Finsteraua, Erfinderin des Bärwurz und Mutter aller bayerischen Frauenrechtlerinnen. Sie zeigte dem Bayerwald-Macho unmissverständlich, wo der Holzspalter hängt und was ihm blüht, wenn er sich aufführt, wie die Axt im Walde."

„Ach so. Gehen wir weiter?"

Schon nach ein paar Metern öffnete sich der freie Blick zum Gipfel. Herrlich. Die Himmelsleiter, eine Treppe aus Steinen und Wurzeln, führte hinauf.

Da beim Hinfallen der Zehensteg einer Badelatsche ausgerissen war, hatte mir meine Freundin seit Längerem keinen Schuhtausch mehr angeboten. Eine prämenstruell sensibilisierte Frau – so, vermutete ich, hatte ihr eine innere Stimme geflüstert – sollte nicht barfuß über scharfkantige Granitsplitter gejagt werden.

Wir schwiegen, bis wir oben ankamen.

Wind frischte auf. Es begann zu nieseln. Schneeregen. Meine Freundin bibberte in ihrem Minikleidchen. Ich bot ihr mein wind- und wasserdichtes Wanderblouson an. Sie zögerte keine Sekunde. Die Gänsehaut an ihren Beinen bettelte um meine Goretex-Outdoor-Adventure-Hose. Ich schaute angestrengt in eine andere Richtung. Mit Recht. Später beichtete sie mir, dass sie die Höhe der Gänsehauterhebungen an ihrem Körper willentlich steuern könne.

Vor uns erstreckte sich das „Blockmeer“, wild übereinandergestapelte, flechtenüberzogene Felsbrocken.

„Gibt es dazu nicht auch irgendeine schöne Geschichte oder Legende, Liebling? Irgendetwas mit dem Teufel oder mit Hexen?“

„Das erzähl ich dir in der Hütte. Boa, ist das arschkalt hier oben.“

Auf der Schiefertafel vor dem Lusen-Schutzhaus stand in geschwungenen Lettern „Kaiserschmarrn mit einer Portion Kaffee Euro 5,40“ und „Wammerl mit Kaspress und Sauerkraut inkl. 0,5 Liter Bier Euro 6,20“. Super. Unsere Mägen knurrten um die Wette. Ich drückte die Türklinke, wollte hineinstürmen und knallte mit dem Kopf gegen ein eingeschweißtes Blatt Papier. Meine Freundin las laut vor, während ich einen Freisitz-Aschenbecher zur Kühlung gegen meine Stirnbeule presste: Wegen Unwetterwarnung heute schon ab Mittag geschlossen.

Wir sahen uns um. Keine Menschenseele. Unheilschwanger bäumten sich Wolken über uns auf. Platzregen. Taubeneigroße Hagelkörner. Ein Blitz schlug krachend ins Gipfelkreuz. Armageddon! Flucht.

Meine Freundin rannte los. Ich schleuderte die zweite Jesus-Latsche vom Fuß, sprintete hinterher, dachte an die Flut, an die Waldarbeiter, an die Fähigkeit mancher Frauen, männermordende Naturkatastrophen auszulösen, und war mir sicher: Es ist aus. Ich bin dran. Ich, der Macho, der dem weiblichen Geschlecht jegliches Gespür für die Unwägbarkeiten einer Hochgebirgswanderung absprach. Ich, der seiner zarten Freundin zumutete, ohne adäquate Beinbekleidung gegen Winterstürme und Hochrisiko-Wetterlagen anzukämpfen. Ich, der den Gebärmutterwurz bestimmt ebenso gierig weggegurgelt hätte wie die emanzipatorisch und gendermäßig minderbemittelten Holzhauer der früheren Jahre.

Panik! Das Wasser schwappte mir über die Unterlippe. Ich hob das Kinn höher. Nicht weit hinter mir glaubte ich, ausgehungerte Wolfsrudel heulen zu hören. Das markerschütternde Fauchen des ausgewilderten Comodo-Luchses dröhnte in meinen Ohren. Ich starb. Vor Angst.

Wider Erwarten kamen wir lebend und im Besitz aller Gliedmaßen am Parkplatz an. Nicht einmal die Schlüssel waren mir aus der Tasche gefallen.

Ein Glückstag. Heizung auf.

Soweit ich mich erinnere, war die letzte Frage, die meine Freundin stellte, ob sie ihre Flipflops wiederhaben könne.

ORTSCHAFTSLYRIK VON *A* *BIS* *Z*:

O

Obernzell

Wanderer, hörst du es rauschen,
das samten blaue Wellenmeer?
Darfst in sanfter Ruhe lauschen.
Nach Osten drängt's vom Westen her
schon seit längst verflossnen Zeiten,
vormals in lang vergangenen Welten,
bevor hier Jäger, Sammler, Kelten,
Mönche und Weidebauern weilten.

Wanderer, genieß die weiten
grünen Wiesen und die Wälder.
Korn und Weizen, goldne Felder
prangen am Fluss zu beiden Seiten.
Sanft umgarnt die Maienwärme
des Menschen Herz, salbt seine Seele.
Wanderer, dich lockt die Ferne.
Dich labt das Nahe. Also wähle!

P

Pösing

In der Bodega
hams am Russn
s Aung außerghaut.
Der hod gschaut.

Hinterm Woitzer
hods d Mirl
mid am Fußballer triem.
Alle zwoa gschpiem.

Nochm Tivoli
bsuffa hoam.
Gfoan.
Gschtoam.

Q

Quafenwiesen

Konnst me daschlong.
I konn koa ___ ned song.

Elfhundetsiebenundsiebzig
estmals ukundlich ewähnt.
Feibad, Kupak, Queifvogelpak.
Langlauf und Odel gut.

R

Roding

Bei Roding handelt es sich um den Geburtsort des Lyrikers. Bitte Haltung annehmen, die rechte Hand aufs Herz legen und das Gedicht von einem braven Kleinkind mit Flöte untermalen lassen. Melodie: „Ode an die Freude“ oder „Song of Joy“.

Roding, hier bin ich geboren,
blau das Licht der Welt erblickt,

Nabelschnur um Mund und Ohren,
fast wär ich daran erstickt.
Doktor Breu hat mich genommen,
hielt mich fest am linken Bein,
hat mich durch die Luft geschwungen
und schon schnaufte ich tief ein.

Roding, liebste Stadt von allen,
Idylle an des Regens Reibn,
besser könnt mir nichts gefallen,
als dein stolzes Kind zu sein.
München, Mailand, New York City
strahlen mir nicht hell genug,
glitzern mit dir um die Wette.
Keine schillert schön wie du.

Roding, deine Esper-Auen,
trunkengrüner Wiesengrund,
paradiesisch anzuschauen,
Herzen schlagen höher und
Eisenhart, so nah dem Himmel,
gülden funkelt jeder Stein.
Elysisch schmachten Engelstimmen:
Roding, hier bin ich daheim.

S

Sankt Engelmar

Liebling, bitte fahr
fort mit mir und zwar
nach Sankt Englmar.

Der Himmel hell und klar,
die Weitsicht wunderbar
in Sankt Englmar.

Träume werden wahr
in Sankt Englmar
vor dem Traualtar.

Ach, nö du.

T

Thurasdorf

Haselbach, Parkstetten, Wiesenfelden?
Verirrtes Thurasdorf.
Beneidenswertes Thurasdorf.
Dir will keiner was.
Wer kennt dich nicht?
Jeder.

DER GOLDENE STEIG

In Bayern brieten sich bereits die Kelten im Jahre 500 vor Christi ihren Schweinsbraten in Salzkruste. Sie wussten, wie sie das „weiße Gold“ aus den Bergen gewinnen und wofür sie es verwenden konnten. Der Böhme dagegen kannte lange kein Salz. Ihm verfaulten die erlegten Hasen und Fischottern, weil er sie nicht in Salz einlegen konnte. Ehen gingen zu Bruch, weil die tschechische Frau am Herd nicht über die Möglichkeit verfügte, Salz in die Knödel zu pfeffern. Die Mahlzeiten schmeckten über Jahrhunderte hinweg fad.

Den Salzmangel Böhmens erkannte das Kloster Niedernburg als ertragreiche Marktnische. Man ließ sich 1010 vom späteren Kaiser Heinrich II. „den ganzen böhmischen Zoll“ schenken. Damit sicherte sich die Abtei alle Mauteinnahmen der Handelsverbindungen von Passau nach Böhmen. Das Salz wurde auf Inn und Salzach aus den Ostalpen nach Passau transportiert. Nach Böhmen gelangte es auf sogenannten Saumpferden. Diese übertrafen die ökologischen Richtwerte heutiger Transportsysteme um ein Vielfaches. So verbrauchten die 1-PS-starken, tiefer gelegten Boliden aus dem Rennstall Haflinger lediglich 2 Kilogramm Hafer und 30 Liter Wasser pro Tag. „Saum“ bezeichnete die Traglast der Tiere. Die Händler, welche mit dem Salz unterwegs waren, wurden „Säumer“ genannt. Im Gegensatz zu ihren Pferden schluckten die Säumer in den zahlreichen Dorfschänken entlang ihres Wegs so kräftig, dass bei ihrer Heimkehr nicht mehr viel vom Handelsertrag übrig geblieben war. Auch sahen die spärlich bekleideten jungen Damen, die in Grenznähe ihre Dienste anboten, aus, als könnten sie das Geld brauchen. Für kniebedeckende Winterkleidung beispielsweise. Die christliche Nächstenliebe gebot es den frommen Säumern, die unter klösterlichem Mautrecht handelten, die bedürftigen Mädchen selbstlos zu unterstützen.

Die immensen Gewinne, welche die Handelswege für die Betreiber abwarfen, führten zum Namen „Goldener Steig". Davor hießen sie zum Beispiel Prachatitzer Weg, Böhmischer Weg oder einfach Salzweg. An den drei Hauptrouten entstanden Siedlungen und Städte. Bald wurden die Verbindungen auch für den Austausch anderer Waren genutzt. Verbürgt sind Sensen, Hakenpflüge, Pflugscharen, Waffen, Eisen, Honig, Blei und venezianische Handelsgüter wie Leinen, Baumwolle, Tuch, Papier, Glas, Spiegel, Seife, Safran, sonstige Gewürze, Südfrüchte, Öl, Wein, Salzheringe. Auch umgekehrt florierten die Geschäfte. Böhmen exportierte Flachs, Erbsen, Käse, Fische, Eier, Federn, Vieh, Schmalz, Butter, Talg zur Beleuchtung der Bergbaugruben und Glas nach Bayern.

Dass sich auch Gesindel und Räuberpack am Goldenen Steig herumtrieb, ist nach dieser Aufzählung kein Wunder. Zum Teil handelte es sich dabei um die Urahnen nichtsnutziger Bayerwaldsippen, welche ihren Lebensunterhalt heute damit bestreiten, Durchreisenden auf dem Edeka-Parkplatz in Neuschönau mit gefälschten VIP-Tickets für den Baumwipfelpfad das Geld aus der Tasche zu ziehen.

Am 4. Oktober 1410 wurde das Mitglied einer Bayerwald-Räuberbande mit Revier Goldener Steig gefasst. Das offizielle Verhörprotokoll findet sich im Prachatitzer Stadtbuch aus dem Jahre 1373:

Matheis Knaiczl betritt in Ketten gemeinsam mit dem Folterknecht den Verhörraum. Der Folterknecht klärt den Verdächtigen über seine Rechte auf. Er kann zu den Vorwürfen so lange schweigen, bis er sich eines Besseren besinnt. Der Verdächtigte einigt sich mit dem Befragenden einvernehmlich auf drei Werkzeuge zur raschen Wahrheitsfindung: Die Wahl fällt auf den Spanischen Esel, die Streckleiter und die Eiserne Jungfrau.

FOLTERKNECHT: „Gibt er zu, dass er auf dem Prachatitzer Wege den ehrbaren Salzburger Kaufmann Konrad überfallen und ihm Pfeffer, Safran, Ingwer, italienisches Tuch, Papier und andere Kaufmannsgüter weggenommen hat."

KNAICZL: „Ich war es aaaahhhaaaaahhhh nicht – aaahhha."

FOLTERKNECHT: „Wenn ich ihn richtig verstanden habe, hat er mit Jaaah geantwortet."

KNAICZL: „Aaaaahhhaaaaahhhh."

FOLTERKNECHT: „Ebenso stahl er 24 Saumtiere, 15 aus Passau und 9 aus Wallern. Und das alles führte er dem vermaledeiten Herrn Racek auf Riesenberg zu, auf dessen

Befehl und mit dessen Wissen er geraubt hat. War es nicht so?"

KNAICZL: „Neeeeeiiiin!"

FOLTERKNECHT: „Wenn jemand auf eine verneinte Frage ein ‚Nein' herausschreit, antwortet er mit ‚Ja'. Ist er sich dessen bewusst?"

KNAICZL: „Aaaah!"

Anmerkung des Protokollanten: Der Befragende reicht dem kurz eingenickten Verdächtigten zur Erfrischung einen Kübel Latrinenwasser. Dieser wacht nicht auf. Der Folterknecht ist verärgert, weil der Scherenschleifer beim Schärfen der Klinge des Spanischen Esels übertrieben hat. Sie drang viel zu schnell in den Körper ein und durch ihn hindurch.

FOLTERKNECHT (erbost): „Man bringe mir den Nächsten!"

Sie führen Schorsch Knaiczl herein. Als er seinen Bruder in zwei blutigen Teilen auf dem Boden liegen sieht, ruft er: „Ich gestehe!" Der Folterknecht schenkt ihm keinen Glauben. Bei der Befragung erhärtet sich der Eindruck der Falschaussage. Mit der Streckleiter rückt er die Wahrheit Gelenk für Gelenk wieder zurecht.

Die Hussitenkriege brachten in der ersten Hälfte des 15. Jahrhunderts den Handel fast zum Erliegen. Im 16. Jahrhundert blühte er wieder auf. Der Dreißigjährige Krieg bedeutete einen erneuten Rückschlag.

Das endgültige Aus des Salzhandels auf dem Goldenen Steig beruhte auf einem Erlass Kaiser Josefs I. Im Jahr 1706 verbot er die Salzeinfuhr aus Bayern und ließ von da an ausschließlich österreichisches Salz nach Böhmen liefern:

Ich, Joseph I., geboren am 26. Juli 1678 in Wien als ältester Sohn Leopolds I. und Eleonore Magdalenes von der Pfalz, Fürst aus dem Hause Habsburg, Kaiser des Heiligen Römischen Reiches, König von Böhmen, Kroatien und Ungarn, habe die Faxen dicke. Von nun an gilt „Austria first“!
Gezeichnet, Euer Kaiser und König

INTERVIEW: DER WILDE WALD – FILM AB

Die Wüste Gobi im Südwesten der Mongolei: rau, menschenfeindlich, magisch. Mit Wildkamelen versucht Vater Navandoorji das Überleben seiner Familie zu bewerkstelligen.

Namibia: Tierarzt Mark Jago macht im Etosha Nationalpark Jagd auf Giraffen, Elefanten und Nashörner zum Zweck, deren Bestand zu schützen.

Boysun, Usbekistan: eines der ältesten Siedlungsgebiete der Menschheit. Hier begibt sich die 17-jährige Zümbüla der Liebe wegen mit ihrem Vater auf Pilgerreise.

Kenia: Mangata Ndiwa vom Volk der Kalendjin trainiert in der Hochebene des Rift Valley. Er will einer der weltbesten Langstreckenläufer werden.

„Sackelzementundhollerstauern", beschwert sich der aufmerksame Leser, „habe ich diese Bayerwald-Spezialexpertenfachlektüre etwa aus der Buchhandlungsramschkiste gefischt, um über die letzten Rückzugsgebiete buckeliger Paarhufer in Gottweißwo belehrt zu werden?"

Befassen wir uns ihm zuliebe mit dem staatlich anerkannten Erholungsort Mauth im Landkreis Freyung-Grafenau. Das Prädikat „staatlich anerkannter Erholungsort" wird Orten verliehen, deren Luft und Klima Eigenschaften aufweisen, die der Erholung förderlich sind. Um Mauth herum gedeiht eine bunte Artenvielfalt an Wild- und Heilkräutern. Die heimische Gastronomie zaubert laut Eigenauskunft kulinarische Meisterwerke auf die Teller. Es gibt folglich keinen nachvollziehbaren Grund, Mauth nicht zu besuchen, geschweige denn, das Paradies der Naturliebhaber, Ruhesuchenden und Aktivurlauber aus freien Stücken zu verlassen.

Eine, die es doch tat, ist Lisa Eder.

Sie wurde in Freyung geboren und wuchs in Mauth auf. Heute ist sie eine viel beschäftigte und preisdekorierte Filmemacherin. Ihre eingangs erwähnten Dokumentationen entführen uns in andere Welten, konfrontieren uns mit Lebenswirklichkeiten abseits L-förmiger Relaxkanapees. Sie vermitteln Einblicke ins Außergewöhnliche, erzählen Geschichten von Mensch und Natur. Mit „Der Wilde Wald“ ist sie zu ihren Wurzeln zurückgekehrt. Der Film thematisiert die Entwicklung des Nationalparks Bayerischer Wald und mahnt Umweltverantwortung an. Er lässt Einheimische ebenso zu Wort kommen wie internationale Wissenschaftler. Zu sehen ist er vorzugsweise im Kino, auch auf DVD und in der Arte-Mediathek.

Das Interview, das sie mir hoch und heilig versprochen hat, muss lange warten. Sie befindet sich auf Promo-Tour durch Deutschland. 45 Termine, manchmal drei an einem Tag, dazu Doku-Festivals, Medientermine, Online-Veranstaltungen. Dann aber!

Bist du noch gestresst von der Kino-Tour?

Zwischendurch war es sehr anstrengend, rückblickend einfach toll. Der persönliche Kontakt, der direkte Austausch mit dem Publikum. Interessant war für mich, die individuellen Reaktionen während der Vorführung mitzuerleben. Ich hatte das Gefühl, der Film spricht querbeet alle an: vom Kind bis zum Rentner, vom Arbeiter bis zum Hochschulprofessor. Leute aus dem Bayerischen Wald meinten, dass sie ihre Heimat von einer neuen Seite kennengelernt hätten. Und ich kann sagen, mir ging es ähnlich. Der Wald birgt immer wieder Geheimnisse und Überraschungen.

Wie waren denn diese individuellen Reaktionen auf der Promo-Tour?

Viele Leute meinten, dass sie eine Menge gelernt beziehungsweise Anregungen bekommen hätten. Was macht der Borkenkäfer mit dem Wald? Warum zerstören wir die Natur, obwohl wir sie brauchen? Einige sagten, dass sie sich hilflos fühlten demgegenüber, was um uns herum passiert: Artensterben, Flächenversiegelung, Klimawandel. Aber auch, dass der Film Hoffnung macht, weil er zeigt, dass sich die Natur regeneriert, wenn man sie lässt, und dass man mit persönlichem Engagement viel bewirken kann. Offensichtlich trifft „Der Wilde Wald" den Nerv der Zeit. Zwei Tage nach dem verheerenden Ahrtal-Hochwasser zeigten wir den Film in der Nähe von Köln. Mit den heißen, trockenen Sommern der letzten Jahre wurde das Klima-Problem von der breiten Masse eher verniedlicht wahrgenommen. Es musste erst eine deutsche Naturkatastrophe kommen, um sie wachzurütteln. Ich merke, dass der Film eindringlich die Funktion gesunder Wälder fürs Klima vermittelt. Das freut mich, weil genau das mein Anspruch war. Ich werde mit dem Film auch in Schulen gehen, um bei Kindern und Jugendlichen das Bewusstsein für den Erhalt der Natur zu stärken.

Wie lange haben die Dreharbeiten zu „Der Wilde Wald" gedauert?

Ein Jahr. Wir drehten mit vier Kamerateams, oft gleichzeitig. Eins für Säugetiere, eins für Landschaftsaufnahmen, eins für Menschen, eins für Käfer. Die Kleintiere stellten eine besondere Herausforderung dar. Einen 2-Millimeter-Borkenkäfer so aufzunehmen, dass er auf der großen Leinwand scharf aussieht, ist nicht einfach. Außerdem steigen die Qualitätsansprüche an Naturaufnahmen ständig. Der Zuschauer ist perfekte, hochauflösende Bilder in Superzeitlupe gewohnt. Unser Kinofilm konkurriert mit diesem extrem hohen Standard, wobei er kein reiner Naturfilm ist. Bei mir kommen immer Menschen vor. Trotzdem ist der Druck, den das aktuelle technische Naturfilmniveau erzeugt, extrem hoch. Beeindruckende Tieraufnahmen sind mit einem riesigen Aufwand verbunden. 100 Stunden Material mussten bearbeitet werden. Das dauerte vier Monate am Stück, inklusive Wochenenden. Aus 100 Stunden einen 90-Minuten-Film zu machen, artet zwangsläufig in eine Materialschlacht aus, ist aber für einen Film mit vielen Tieraufnahmen eher normal. Geschnitten habe ich das Ganze mit Georg Michael Fischer, meinem Editor.

Wie läuft so ein Schnitt ab?

Das Material wird erst gesichtet, dann ein grobes Schnittkonzept umgesetzt, woraus die erste Fassung entsteht. Die ist viel zu lang. Es folgen mehrere Prozesse. Der Regisseur kommt mit einer Idee in den Schneideraum. Der Cutter ist der Erste, der die Aufnahmen unvoreingenommen mit frischem Blick ansieht. Er hat die nötige Distanz. Selbst war ich so in diesem Film gefangen, dass ich an nichts anderes mehr gedacht und nichts anderes mehr gemacht habe. Du gehst mit Scheuklappen ran. Ein guter Cutter wie Georg denkt dramaturgisch. Im Endeffekt strich er vieles raus, wovon ich gedacht hatte, das wäre toll und müsste unbedingt drinbleiben. Es wird diskutiert und feinjustiert bis zur endgültigen Fassung. Kreativität ist gefragt. Eine Filmweisheit besagt, dass nicht am Drehort, sondern im Schneideraum der eigentliche Film entsteht. Das ist definitiv so. Erst im Schnitt merkt man, wenn etwas fehlt, ob Ergänzungen nötig sind. „Der Wilde Wald" hat keinen Erzähler wie in TV-Tierdokus. Die Inhalte müssen sich aus den Bildern erschließen.

90 Minuten sind ein Haufen Holz, der geschnitten werden will.

Und was waren die größten Herausforderungen beim eigentlichen Dreh?

In erste Linie die Zeit. Ein Jahr ist verdammt kurz für so eine Produktion. Dann die Wildtiere: Du weißt nie, sind sie überhaupt da, bekommst du welche vor die Kamera, haben sie Nachwuchs. Dann fiel ein Protagonist krankheitsbedingt aus. Wir mussten einiges umkrempeln.

Für mich war es eine enorme Herausforderung, nicht nur Buch und Regie zu machen, sondern den Film auch zu produzieren. Normalerweise streiten sich die Kreativen mit den Finanzierern. Ich musste das mit mir selbst austragen. Das hat mir sehr viel abverlangt. Es war sauanstrengend.

Kann ich mir vorstellen. Musst du dich auch selbst darum kümmern, wo die besten Motive zu finden sind? Oder gibt's dafür Berater, Informanten, verdeckte Ermittler ...?

Viele Informationen kamen vom Nationalpark. Auch die Ranger unterstützten uns. Zudem kennt mein Mann den Wald in- und auswendig. Er war selbst im Nationalpark tätig und wurde später Leiter des Forstbetriebs Neureichenau, der direkt an den Park anschließt. Er hat die Kamerateams oft begleitet und geführt. Ohne Menschen mit Insiderwissen wäre man aufgeschmissen. Am Anfang des Films steht eine zweiminütige Kamerafahrt an einem gesunden Wald entlang. Keine Menschen dürfen im Hintergrund herumlaufen, keine Gehwege das Bild stören, ein schöner Mischwald muss es sein, die Bäume nicht zu hoch und nicht zu niedrig, passendes Licht, ausreichend Platz für die Technik. Wo finde ich so was? Dafür brauchst du Location-Scouts. Gut, wenn du mit Nationalpark-Rangern welche vor Ort hast. Ideal, wenn der eigene Mann einer ist. Natürlich kannte ich den Bayerischen Wald selbst ein wenig. Aber nicht aus forstlicher Sicht. Nach Kriterien wie „Wo finde ich stehendes, wo liegendes Totholz" hatte ich den Wald nie betrachtet. Das Handwerkliche des Films muss hundertprozentig stimmen. Der Fachmann erkennt sofort, wenn im Film etwas inhaltlich nicht passt oder unlogisch zusammengeschnitten wurde. Beispiel Habitate: Wo kommt der Habichtskauz vor? Darf ich den in einen Buchenwald reinschneiden oder lebt der in einer anderen Umgebung? Um solche Fehler zu vermeiden, brauchst du Berater, die sich auskennen.

Das klingt, als wärt ihr für die jeweiligen Szenen sehr gezielt rausgegangen. Oder habt ihr auch mal nach Zufallsprinzip gedreht?

Beides. Bei Menschen kannst du dich ans Drehbuch halten, bei Landschaften meistens auch. Tieren kannst du keinen Termin und keine Location vorgeben. Du brauchst Geduld, Glück und ein gewisses Gespür. Vor allem musst du die Chancen nutzen, die sich bieten. Du schreibst das Drehbuch für den Idealfall. Nach einer sehr umfangreichen Recherche. Du weißt, welche Kernaussagen von den Protagonisten kommen. Damit schaffst du schon mal die Basis für den Film – aber mit großem Improvisationsspielraum. Bei Landschaften bist du stark vom Wetter abhängig. Manches fällt weg, anderes kommt dazu. Im Januar 2019 hatten wir zum Beispiel traumhaftes Winterwetter. Es war aber kein Dreh geplant. Ich arbeitete gerade im Rheinland und bekam einen Anruf, dass sich im Nationalpark diese herrlichen Schneemandl aus Schneewehen bilden. Dann heißt es, schnell reagieren, ein Team organisieren und die Einstellung mitnehmen. Du weißt, die herrliche Winterlandschaft bereichert den Film, egal ob sie im Drehbuch steht oder nicht. Während im Spielfilm eine Szenenliste abgearbeitet werden kann, bestimmt bei der Dokumentation oft das aktuelle Geschehen die Dramaturgie. Zigmal habe ich das Drehbuch umgeschrieben. Die Realität wurde zum Co-Autor.

Warst du selbst immer bei den Aufnahmen anwesend?

Mit vier Filmteams geht das nicht, außer ich würde mich vierteilen. Bei Tieraufnahmen ist es sogar selten sinnvoll. Jede zusätzliche Person stört. Außerdem kann ich mich auf die Kameraleute hundertprozentig verlassen.

Wie groß war dein Kernteam?

Insgesamt 24 Leute, Drehteam und Postproduktion zusammen. Kameramann, Assistenten, Aufnahmeleitung, Herstellungsleiter, Produktionsleiter, Ton, Musik und so weiter.

Der Nationalpark Bayerischer Wald hat den Film finanziert. Gab es Vorgaben, die du erfüllen musstest?

Das stimmt so nicht. Der Nationalpark hat den Film nicht finanziert, sondern war Co-Produktionspartner. Es lief vorab eine Ausschreibung des Nationalparks, die ich gewonnen habe. Das Geld reichte aber bei Weitem nicht für eine derartige Produktion. Den Großteil der Gelder brachte ich ein. Dadurch wurde es keine Auftragsproduktion. Ein großer Unterschied: Bei der Auftragsproduktion bist du den Weisungen des Geldgebers unterworfen. Ich war aber selbst ausführende Produzentin und hatte deshalb freie Hand.

„Der Wilde Wald" ist dein erster selbst produzierter Film. Wie war dein Weg dorthin, wie und warum bist du beim Film gelandet?

Die Kurz- oder die Langversion?

Kurz.

Lehre im Amtsgericht Passau, Justizbeamtin in München, gefiel mir nicht, Studium Germanistik, Psychologie und Politik, Zeitungsvolontariat in New York. Bei der Zeitung fehlte mir das Visuelle, die Dramaturgie der Bilder, Musik, Geräusche. Text allein erfüllte mich nicht. Film fand ich spannender. Eine filmische Ausbildung kam nicht mehr infrage. Ich war schon 30 und musste Geld verdienen. Also Praktikum beim Bayerischen Rundfunk. Gasthörerin an der Filmhochschule. Dann fing ich einfach an, lernte durch die eigene Arbeit, durchs Lesen und Filme ansehen dazu. Ich war neugierig, wollte wissen, wie Menschen in anderen Teilen der Welt leben, von welcher Kultur sie geprägt sind, wie ihr Verhältnis zur Natur ist. Ich drehte viel in Afrika und Asien, wollte meinen Blick weiten. Dann auch wieder zurückkommen, mich auf die Heimat fokussieren. Einfach das zu machen, was mich fasziniert. Zu dieser Zeit arbeitete ich auch für arte. 2017 gründete ich meine eigene Firma. Das hieß, noch mehr Gestaltungsfreiheit. Vorher machte ich Buch und Regie, jetzt bin ich für das gesamte Projekt verantwortlich.

Wenn du vom Weiten des Blicks sprichst: Wie laufen Dreharbeiten zum Beispiel in Usbekistan oder Kenia ab?

Erst gibt es eine Recherche-Reise. Es weiß ja keiner, was genau uns am späteren Drehort erwartet, mit welchen Unwägbarkeiten man in solchen abgelegenen Gebieten rechnen muss, welche Verhältnisse wir vorfinden, ob es gefährlich ist, wie zugänglich die Menschen dort sind. Dafür werden etwa zehn Tage angesetzt. Die Dauer der Dreharbeiten richtet sich nach Filmlänge, Thema und Etat. In der Wüste Gobi waren wir drei Wochen am Stück.

Hängst du manchmal einen Urlaub dran?

Nein. Das geht nicht. Die Zeitpläne für die Fertigstellung sind straff getaktet. Außerdem drehen wir oft in extremen Regionen, in denen man nicht unbedingt den Urlaub verbringen möchte. Ich selbst bleibe auch lieber konsequent am Projekt dran, bis es abgeschlossen ist. Arbeit ist Arbeit und Urlaub ist Urlaub. Ich bin schon so viel und weit gereist, dass ich meinen Urlaub am liebsten in der Nähe verbringe. Ich will möglichst wenig fliegen. Urlaub in Südafrika kommt für mich nicht infrage. Ein Filmprojekt selbstverständlich schon.

Kommt deine Lieblingsdoku auch aus der weiten Welt?

Nicht ganz: „Augenblicke - Gesichter einer Reise" von Agnès Varda. Darin fährt die fast 90-jährige Varda mit einem jungen Fotografen und Streetart-Künstler durch die französische Provinz.

Kannst du Filme noch rein als Zuschauerin genießen, ohne dabei analytisch zu denken?

Nein, nicht wirklich.

Gehst du trotzdem gern ins Kino?

Total. Ich bin Kinofan. Entweder setze ich mich allein rein oder mit Menschen, mit denen ich mich danach austauschen kann. Kino ist für mich nach wie vor ein großes Erlebnis.

Dein Lieblingsspielfilm?

„Pulp Fiction" von Quentin Tarantino und „Die zauberhafte Welt der Amelie" von Jean-Pierre Jeunet.

Dein Traumberuf, wenn du keine Filmemacherin geworden wärst?

Biologin. Ich habe zwar nicht die Fähigkeit, weil mir die naturwissenschaftliche Begabung fehlt, aber trotzdem.

Weg von den Träumen. Zurück zur alten Heimat. Woran denkst du als Erstes, wenn du „Bayerischer Wald" hörst?

An etwas Sinnliches. Etwas zum Anfassen, Gerüche, vor

allem die Erde, die nach Wald riecht. Dann dieses helle Grün, wenn im Frühling die Laubbäume austreiben. Vogelgezwitscher.

Du bist in der Nähe von Freyung aufgewachsen. Wie war das für dich?

Ich komme aus der Mauth. Mit 16 bin ich nach Passau. Mit 18 nach München. Den Bayerischen Wald fand ich damals nicht so toll. Ein Leben am Rande der Welt, in dieser dunklen, fichtendominierten Region. Eiserner Vorhang. Lange Winter. Abgeschiedenheit. Enge. Ich habe mich immer nach Italien gesehnt, nach etwas Wärmerem, nach Weite. Ich wollte in einer Gegend leben, die nicht so archaisch, kalt und duster ist, so weit weg von allem. Wir hatten kein Kino, für alles brauchtest du ein Auto. Als Kind und Jugendliche konnte ich die Natur noch nicht so wertschätzen. So richtig kann ich das erst jetzt. Es hat lange gedauert und viel mit der Zerstörung der Natur zu tun. Mit 20 hast du das nicht so auf dem Schirm wie mit 40. Man könnte sagen, meine Sensibilität für die Natur ist proportional zum Ausmaß ihrer Zerstörung gewachsen. Mir wurde erst spät klar, welchen besonderen Schatz wir direkt vor der Haustür haben. Nach dem Fall des Eisernen Vorhangs fühlt sich das Leben hier etwas entspannter an. Als Kind kannte ich das nicht. Der Bayerische Wald hat etwas Tragisches. Er ist keine leichte Landschaft, zieht dich schnell runter. Er verströmt eine gewisse Melancholie und zugleich eine Wahnsinnskraft.

Hat der Bayerische Wald deinen Charakter geprägt?

Ich denke schon. Durch das Aufwachsen in diesem Kargen. Ich habe einen sehr starken Willen. Vielleicht fördert es die Willenskraft, wenn nicht alles im Überfluss vorhanden ist. Diese langen, harten Winter machen etwas mit dir.

Ich bin überzeugt davon, dass meine Naturliebe daher herkommt, dass ich in der Natur aufgewachsen bin. Dafür bin ich sehr dankbar. Ohne diese Erfahrungen wäre ich nicht der Mensch, der ich heute bin, mit der Begeisterung für andere Kulturen, mit meiner Liebe zum Wald, aber auch für die Stadt. Ich brauche beides. Ausschließlich im Bayerischen Wald leben könnte ich nicht.

Was zieht dich noch aus der Stadt zurück nach Mauth?

Meine Eltern leben dort und mein Bruder. Ich kenne noch den ein oder anderen von früher und freue mich, wenn ich jemanden sehe, aber Freundschaften gibt es keine mehr. Wenn ich dort bin, dann bei der Familie.

Was gefällt dir am Bayerwäldler nicht?

Er fühlt sich ständig benachteiligt. Dazu kommt sein ausgeprägtes Selbstbewusstsein, was im Zusammenspiel zur Engstirnigkeit führt. Ihm fehlt es an Offenheit und an Toleranz Andersdenkenden gegenüber. So, als ob er gar nicht über den Tellerrand hinausblicken wollte. Vielleicht liegt das ja wirklich an der Grenzregion. Ich finde das sehr schade. Und wenn man jemanden darauf anspricht, kontert er mit: „Ihr denkts ja eh, mir san alle bled." Dieses unbegründete Selbstmitleid nervt.

Wahrscheinlich umso mehr, wenn man selbst aus der Gegend stammt. Hast du einen Lieblingsort im Bayerischen Wald?

Ich bin gern auf den Schachten.

Die haben natürlich auch ihren Auftritt in „Der Wilde Wald". Kannst du den Film in einem Satz zusammenfassen?

„Der Wilde Wald" ist eine Liebeserklärung an die Kraft der Natur.

Gibt es eine Szene im Film, die dich am meisten beeindruckt hat?

Keine einzelne Szene, vielmehr das Gesamtkunstwerk

Wald. Seine Vielschichtigkeit und Vielfalt.

Nochmal dieselbe Frage. Du darfst aber nicht wieder antworten, ich finde alles gleich schön.

Dann nehme ich den Morgenruf des Auerhahns. Der fühlt sich für mich an wie ein Weckruf: Hört ihr mich? Was macht ihr mit uns? Das berührt mich sehr. Es hat etwas Trauriges und zugleich Kraftvolles.

Bereitest du aktuell ein neues Projekt vor?

Zwei. Eine Wildnis-Augmented-Reality-App, also eine Anwendung, bei der Reales mit Virtuellem gemischt wird. Sie soll Kindern das Thema Wald und Wildnis spielerisch nahebringen. Ziel ist eine zeitgemäße Natur-Wissensvermittlung für Schulen und andere Bildungseinrichtungen. Dann arbeite ich an einem Dokumentarfilm, Thema Architektur/Städtebau. Was muss sich ändern, damit wir lebenswertes Wohnen auch in Städten hinbekommen? Wie können wir ökologisches Bauen für die breite Masse und nicht nur für Besserverdiener ermöglichen? Es geht ums komplette Umdenken, um ein Neudenken im Bauen und Wohnen. Ich knüpfe gerade Kontakte. Eine europäische Initiative nennt sich „Das Bauhaus der Erde" und orientiert sich an der historischen Bauhaus-Philosophie. Sie will ökologisches, nachhaltiges, recycelbares Bauen möglich machen. Eine spannende Sache, finde ich.

Möchtest du noch was loswerden?

Ich wünsche mir, dass sich möglichst viele Menschen für die Natur einsetzen. Egal wie und wo.

SPORTLICHE SPRACHKUNDE

Wenn (im Sinne von falls) im Bayerischen Wald gesprochen wird, und ein Nicht-Waidler daran teilhaben darf, kann er sich glücklich schätzen. Der Seltenheitswert dieses Ereignisses gleicht der Sichtung von Bahamonde-Schnabelwalen auf einer Bodenseekreuzfahrt. Die Ursache der Sprach-Enthaltsamkeit gründet im Selbstverständnis der Waidler-Gesellschaft und des Waidler-Individuums. Normalerweise weiß der Bayerwäldler sowieso immer, was er zu tun und zu lassen hat. Warum also darüber sprechen?

Bis in die 1950er-Jahre hinein sollen Paare in 40 Jahren Ehe kein einziges Wort gewechselt haben. Nicht im Guten, nicht im Bösen. Sogar die Vermählung wurde wortlos durch eine minimale vertikale Kopfbewegung seitens der Frau besiegelt. Früh ging man in den Wald, den Stall, die Grube oder die Glasfabrik, spät kehrte man heim, aß, schlief, stand auf, ging in den Wald, den Stall, die Grube oder die Glasfabrik. Lob vom Arbeitgeber erhielt man in Form von dünnen Lohntüten und kurzen Lohnstreifen. Passte einem die Nase des anderen nicht, sprach man nicht lange darüber, sondern löste das Problem nonverbal durch zielgerichtete Handlung. War eine Frau nach dem Gebären von acht Kindern der Meinung, dass sie genug zur Rentensicherung beigetragen hatte, diskutierte sie nicht lange darüber, sondern legte eine verwesende Katze zur Dämpfung des männlichen Geschlechtstriebes unters Ehebett.

Die angeführten Beispiele beziehen sich auf die Reinform des Waidlers, den Ur-Waidler, der in den letzten Jahrzehnten immer stärker vom Schein- und Trendwaidler verdrängt wird. Eine Art qualitativer B-Ware, die auf lautliche Kommunikation angewiesen ist, um überleben zu können. Dieser Waidler-Typ wird im Fachjargon als „Schmatzer“ bezeichnet, wobei schmatzen nicht wie im Hochdeutschen ein mit dem Essvorgang verbundenes Geräusch beschreibt, sondern „zu viel reden“ bedeutet.

Der Begriff „Schmatzer“ ist äußerst negativ besetzt. Dass er heute gleichbedeutend mit „Politiker“ gebraucht wird, beruht auf der hohen inhaltlichen Überschneidungsmenge der Wörter.

Die Synonymie lässt sich zudem auf eine konkrete Begebenheit zurückführen: Wie dargelegt bedurfte es im Bayerischen Wald seit dem von Adam und Eva ausgelösten Urknall keiner Worte. Eine lange, glückliche Ära, die bis weit in die Neuzeit hineinreichte. Durch die Geburt eines Kindes in Breitenberg bei Passau fand sie ihr jähes Ende.

Sofort, nachdem es das Licht der Welt erblickt hatte, begann es zu brabbeln. Es wuchs heran, hatte zwei linke Hände und war mit überschaubarer Intelligenz und unendlicher Faulheit gesegnet. Jede Arbeit endete, sofern es sie überhaupt begann, in einem Desaster. Milchkübel fielen beim Melken um, Glasvitrinen zerbarsten beim Putzen, Bäume stürzten beim Fällen in die falsche Richtung (in die des Vaters). Was immer das Kind auch tat und nicht tat, es brabbelte dabei pausenlos wirres Zeug vor sich hin.

Als der Bub 25 wurde und nach Meinung seiner Eltern genug Unheil angerichtet hatte, beschlossen sie, ihn 50 Meter vom Haus entfernt auszusetzen und verhungern zu lassen. Nicht zufällig fuhr an jenem Tag eine große schwarze Limousine mit Münchner Kennzeichen im Dorf vor. Ein korpulenter Herr stieg aus, grinste irre und stellte sich als Talentscout der Bayerischen Staatskanzlei vor. Ihm beziehungsweise seinen Chefs sei zu Ohren gekommen, erzählte er den Eltern lang und breit, dass ihr Sohn über die Gabe verfüge, stunden-, ja tagelang zu reden, ohne etwas zu sagen. Mutter und Vater nickten. Ob die Eltern etwas gegen eine christparteiliche Spende in sozialer Höhe einzuwenden hätten, sozusagen als Ablösesumme für den künftigen Lionel Messi der Landes-, Bundes-, vielleicht sogar Europa- und Weltpolitik. Die Eltern schüttelten vehement die Köpfe. Der korpulente Mensch stellte heraus, dass man in Bälde auch im Bayerischen Wald das demokratische Recht der Wahl genießen dürfe. Vorerst aber nur für eine Partei. Jedenfalls stehe ihrem Anderl aufgrund seiner Eloquenz eine große politische Karriere bevor. Als Andi in die Limousine stieg, lächelten sich seine Eltern nach über 20 Jahren Ehe das erste Mal an.

Der dumme Bub verdiente viel Geld. Er wurde auf Bühnen gestellt und brabbelte. Er brabbelte bei Sitzungen, in Versammlungen, im Bierzelt, im Radio. Das Publikum jubelte ihm zu.

Bis dahin war es der Waidler gewohnt gewesen, hart zu arbeiten, um Geld zu verdienen. Der seltsame Fall des Anderl bewies, dass es auch anders ging. Man musste keine Bäume schälen, Hühner füttern oder Glasvasen polieren, um seinen Lebensunterhalt zu bestreiten. „Sprache“ hieß das Zauberwort der neuen Generation. Dem seit Ewigkeiten währenden Dogma der gesamtgesellschaftlichen Sprach-Askese folgte der Wunsch, sich zumindest in Ausnahmesituationen verbal äußern zu können, ohne als „Schmatzer“ oder „Politiker“ diffamiert zu werden. Ein langwieriger und von vielen Fallstricken gesäumter Prozess setzte ein. Am Anfang standen mehr oder weniger kreative Lautmalereien, um die Funktion der verkümmerten Sprachorgane, Stimmbänder, Gaumensegel und Lippen wiederherzustellen. Ob sie wirklich inhaltlich sinnlos waren oder lediglich von niemandem verstanden wurden, ist bis heute nicht geklärt. In Phase 2 trat die Semantisierung ein. Wörter wurden vom Sprecher bewusst mit Bedeutungen verbunden. Doch der Hörer reagierte nicht, wirkte als Dialogpartner apathisch. Abhilfe schaffte das erste allgemeine Ohrenschmalzentfernungsgesetz der Staatsregierung in den 1960ern. Es gilt als Meilenstein der angewandten Kommunikationswissenschaft. Sender und Adressat begannen, sich zu verstehen. Sie tauschten in Notsituationen sogar ganze Satzfetzen aus.

Diese Entwicklungsstufe entspricht dem heutigen „State of Communication".

Eine weitere Hürde bestand in der Tatsache, dass der Bayerische Wald kein eigener Regierungsbezirk war, sondern aus einem niederbayerischen und einem oberpfälzischen Teil bestand. Stieß die Verständigung innerhalb eines Bezirks schon an Grenzen, da die hart arbeitende Bevölkerung kein Geld für kostenpflichtige Lautbildungsseminare ausgeben wollte und die Arbeit an scheppernden Maschinen oder Bockfotzn in der Kindheit sie eh längst hatte ertauben lassen, so schien eine Verständigung über den jeweiligen Regierungsbezirk hinaus nahezu ausgeschlossen. Für ein und dieselben Dinge existierten unterschiedlichste Begriffe.

Kartoffeln bildeten damals das Grundnahrungsmittel der Bayerwäldler. Folglich gab es eine Vielzahl schmackhafter Kartoffelgerichte wie dieses:

Mehlige Kartoffeln kochen und durch die Kartoffelpresse drücken. In einer Schüssel Mehl und Salz darüber streuen. Mit Gabeln alles gut vermengen, bis der Teig bröselig wird. Butter in einer

Auflaufform zergehen lassen und die Kartoffelbrösel einstreuen. Eine Dreiviertelstunde backen. Zwischendurch mehrmals wenden. Mit Kraut, an Feiertagen (außer Karfreitag) zusätzlich mit Krautfleisch, goldbraun servieren.

Das Ergebnis dieser Anstrengungen schmeckt super, nur gibt es dafür keinen einheitlichen Namen. In einigen Gegenden heißt es Zwirl/Zwurl, in anderen Brösler/Breysler, in wieder anderen sogar Sterz. Zur kartoffelrezeptlichen Verwirrung trägt zusätzlich bei, dass dort, wo das Gericht Brösler oder Zwirl heißt, der Sterz eine andere Speise bezeichnet, die in Brösler- und Zwirl-Gegenden Kartoffelstampf genannt wird. Ein überregionales Verständigungs-Fiasko. Seit den 2000ern sollen allein in den Landkreisen Regen und Freyung-Grafenau 111 Kellner, 74 Köche, 86 Hausfrauen und 38 Hausmänner den Folgen der Fehlinterpretation dieser Begriffe zum Opfer gefallen sein. Allen Tätern wurden mildernde Umstände eingeräumt, da sie sich zur Tatzeit in einem Zustand der Unzurechnungsfähigkeit befanden, welcher von extremem, an Heißhunger grenzendem Appetit verursacht wurde.

Dem Grauen der kulinarischen Sprachverwirrung babylonischen Ausmaßes samt ihren zerstörerischen gesellschaftlichen Auswirkungen wollen wir nun ein positives Beispiel heimischer Sprachbetrachtung gegenüberstellen: Von der völkerverständigenden Funktion des Sports soll die Rede sein. Nirgends tritt sie offener zutage als auf den Fußballplätzen des Bayerischen Waldes. Als Linksaußen einer A-Klassenmannschaft des elitären Vorderen Bayerischen Waldes war man oft gezwungen, sich intellektuell mit rechten Verteidigern aus den Volksstämmen des Hinteren Bayerischen Waldes auseinanderzusetzen. Man lernte viel. Demut zum Beispiel.

Ich möchte nicht übertreiben, aber trotzdem behaupten, dass es vor allem todesmutigen Menschen wie mir zu verdanken ist, dass der Bayerische Wald in den 1980er-Jahren den kommunikativen Anschluss an den Rest der Welt vollziehen konnte. Spieler wie Zuschauer tauschten sich intensiv aus, man kam in Berührung mit Sprache und Weltanschauung des anderen und verstand schnell, was mit immer wiederkehrenden Begriffen gemeint war.

Ich saß im Laufe meiner Fußballer-Karriere überwiegend auf der Ersatzbank, wurde oft erst nach der 80. Minute eingewechselt, wenn es bereits drei oder vier zu null für uns stand. Nur wenn es gegen den FC Ränkam und den SV Gleißenberg ging, stand ich in der Anfangsformation. Kanonenfutter. Der Trainer ging davon aus, dass, wenn ich schwer verletzt vom Platz getragen würde, der gegnerische Verteidiger dafür Rot sähe und die anderen dadurch geschwächt würden. Wir nicht.

Ein Auswärtsspiel in Gleißenberg als Linksaußen bestreiten zu müssen, bedeutete die Höchststrafe. Nicht nur, dass der gegnerische Verteidiger aussah wie ein hautfarbener Hulk, der nicht bereit war, seine knochenzerstörerischen Superkräfte fairnesshalber im Zaum zu halten. An den Spielfeldseitenrändern lauerte noch größere Gefahr. Spurts an der Außenlinie führten unweigerlich an den Dorfältesten vorbei. Einer kleinen, hinterfotzigen Zuschauergruppe, die mit Gehstöcken und zugeklappten Regenschirmen auf vorbeirennende Gegner wartete. Gelang einem von ihnen der gezielte Stich zwischen die Beine, brach hämisches Gejohle und Gebissklappern aus, während der Gegner sich mehrmals überschlug oder tiefe Risswunden (Hartplatz!) in der Bauchdecke davontrug.

Erschwerend kam hinzu, dass sich nur wenige offizielle Schiedsrichter in die grenznahen Gefilde wagten. Waren sie für ein Spiel gegen die genannten Mannschaften eingeteilt, täuschten sie schwere Krankheiten vor oder ließen nahe Verwandte überraschend ableben, nur um nicht anreisen zu müssen. In unteren Spielklassen durfte dann ein Mitglied des Heimvereins die Rolle des Unparteiischen übernehmen. Den Begriff „Unparteiischer“ verwende ich lediglich, um eine Wiederholung von „Schiedsrichter“ zu vermeiden. Die Unparteilichkeit eines Ersatzschiris erfüllte laut Statuten vieler Grenzlandvereine den Tatbestand der heimatverräterischen Fahnenflucht und wurde im Schnellverfahren nach Abschnitt 3 des Militärstrafgesetzbuches des Deutschen Reichs vom 20. Juni 1872 geahndet. Also blies er lieber mit der Trillerpfeife zum fröhlichen Halali für das darauffolgende Gemetzel. Drei Viertel der sonntagnachmittäglich liegend eingelieferten Notaufnahmefälle im Kreiskrankenhaus Cham stammten aus Heimspielen des FC und des SV.

Wie erwähnt wurde ich fast ausschließlich für heikle, kriegsähnliche Sondereinsätze ins Feld geschickt. Dies kam mir entgegen, da ich von der Reservebank aus besser die sprachlichen Eigenheiten von Spielern wie Publikum analysieren konnte.

Ich ließ die revolutionären Erkenntnisse in meine viel beachtete Examensarbeit über die Semantik von Verbalkonstruktionen in der Sportsprache einfließen.

Grundsätzlich fußt die Fußballsprache auf zwei Pfeilern:

A) Militärische oder aus dem Militärischen hergeleitete Begriffe wie Schuss, Bomber, Flanke, Sturm.

B) Wörter und Wendungen aus der Gossensprache, die in

Satzgefüge eingebettet sind, welche die Lebenswirklichkeit der Sprechenden und Schreienden widerspiegeln. In Gegenden, in denen viele Waldarbeiter, also Holzhauer, arbeiten, hört man auf Sportplätzen überproportional oft das Verb „hauen". Der Zuschauer erteilt zum Beispiel dem Spieler der von ihm favorisierten Mannschaft lauthals den Auftrag: „Hau eam an Haxn ob!" Der Verteidiger soll dem Gegner das Schienbein brechen. Der Fan überträgt den Akt des Fällens aus seiner Arbeitswelt auf den Sport. Der zu fällende Fußballer repräsentiert den einzelnen Baum, die gegnerische Mannschaft den Wald, in dem er sich Tag für Tag abschuften muss. Trotz aller emotionaler Aufladung kennt der Waldarbeiter seine Grenzen. Würde er rufen „Hauts eana d Haxn ob!", also die Pluralform verwenden, wäre die komplette gegnerische Mannschaft gemeint und käme damit einer Waldrodung gleich, was Arbeitslosigkeit und sozialen Abstieg zur Folge hätte. Der Begriff „Hauen" wird auch in weniger brachialer Form verwendet. Als Beispiele hierfür seien „Hauts na um!" und „Hauts na affe!" genannt. Bei diesen Wendungen werden schwere Körperschäden zwar in Kauf genommen, bilden aber keinen zentralen Bestandteil der Aufforderung.

Aus dem Bestreben heraus, komplexere Sprachstrukturen zu schaffen, hielt das Nebensatzgefüge auf den Fußballplätzen von Arrach bis Zandt Einzug. Es wurde tief Luft geholt und gerufen: „Hauts na affe, bis er …!" Anstelle der Punkte stand ein Wort, das unter Beachtung von Kinder- und Jugendschutzgründen der Altersklasse der Begegnung anzupassen war. Bis zur C-Jugend musste es heißen „speibt" (erbricht). Für Adressaten über 15 (ab B-Jugend) entfielen derlei Beschränkungen. Hier bot sich ein frei wählbarer Begriff aus dem Fäkal- und Gossenvokabular an. Meist wurden die Rubriken Blasenentleerung, Stuhlgang und Selbstbefriedigung thematisiert.

Mit der Weltmeisterschaft 2006, dem Sommermärchen, änderte sich die Struktur des Fußballpublikums radikal. Plötzlich interessierten sich Frauen für den Sport. Oder besser gesagt für die strammwadelige Erotik gut gebauter Männer in kurzen Hosen. Der Funke sprang über: von den Fanmeilen auf die Stadien bis hinunter zum letzten deutschen Dorffußballplatz vor dem Grenzübergang Waidhaus. Ein derartiger Paradigmenwechsel war selbstredend mit weitgreifenden Änderungen in den bislang fest verankerten Kommunikationsgewohnheiten verbunden. Ging es vorher aus der Waldarbeitertradition heraus vorwiegend ums Ab-, Um-, Rein- und Weghauen, fanden nun auch Begriffe aus dem erfüllten Frauen-Alltag den Weg an die Banden. „Klepplts na affe, bis er …!“ verweist auf die Handarbeitstechnik Klöppeln, welche von der Bayerwäldlerin als Hobby, zum Teil aber auch als Brotnebenerwerb im Home-Office betrieben wurde und wird. Das Klöppeln steht im Gegensatz zum Um- und Abhauen für eine Aktivität, die auf längere Zeit angelegt ist. Während sich beim Abhauen des Schienbeins der sportliche Erfolg sofort offenbart, wird die Wirkung des Klöppelns erst gegen Spielende hin sicht- und spürbar: Der Gegner wird durch oftmalige, aber nur mit reduziertem Kraftaufwand ausgeführte Schläge demoralisiert. Vorteil: Auf das Hauen folgt zwangsläufig die Rote Karte, das Klöppeln zermürbt den Beklöppelten nach und nach, ohne dass der Schiri einen groben Regelverstoß ahnden müsste. Das männliche Hauen gleicht der Guillotine, das weibliche Klöppeln dem elegant geschwungenen Degen.

Auch der Schmähgesang mit Kultstatus „Du hast die Haare schön“ geht auf die feinfühligen Antennen weiblicher

Fußballfans zurück. Vor der Unterwanderung des Sports durch feminines Beauty-Anspruchsdenken machten sich weder Fußballer noch Zuschauer Gedanken über ihre Frisuren (siehe Hacky Wimmer, Rudi Völler, Günter Netzer und Katsche Schwarzenbeck, stellvertretend für alle Kicker der glätteisenlosen Generation). Seit dem tief in der Psyche des Fußballers wühlenden „Du hast die Haare schön“ lässt sich manch flachhirnige hängende Spitze vor dem Spiel einen Star-Coiffeur aus New York einfliegen, um sich vom Lied geschmeichelt fühlen zu dürfen. Im Vergleich zu den 90er-Jahren werden aktuell in der Bundesliga pro Saison 80 % weniger Kopfballtore erzielt. Gleichzeitig stiegen die Ausgaben für Haarpflegeprodukte um das 8.000-fache.

Inzwischen breitet sich eine sprachliche Gegenbewegung aus, die sich den ursprünglichen Geist des Spiels zurückwünscht, verbunden mit der nachhaltigen Wertschätzung des früheren, natürlich gewachsenen Kommunikationsstils der Holzknechte. Die Formulierung vollständiger Sätze seitens des Publikums soll verboten werden. Um einen Spieler dazu zu animieren, mit offener Sohle auf Brusthöhe in den Gegner hineinzuspringen, müsse ein simples „Holz!“ genügen, so das Credo.

Zur Abrundung des Themas möchte ich auf einen der Grundbegriffe der Fußballsprache eingehen, das Schießen. Aufs Tor, ins Tor und meistens dran vorbei.

Obwohl die Strecken zu Auswärtsfahrten in der A-Klasse Ost, Kreis 2 zur Not auch fußläufig zu bewältigen gewesen wären, zeigte sich in diesem engen Aktionsradius die ganze Bandbreite dialektaler Vielfalt. Wir Rodinger übten das Schuißn, die Vereine im Neunburger Raum versuchten sich im Scheyßn, die hochnäsigen Chamer biederten sich mit ihrem möchtegern-oberbayerischen Schiaßn der Münchner

Schickimicki-Gesellschaft an und versuchten, damit ihre niedere Herkunft zu vertuschen. Sie dachten, Schiaßn sei Hochdeutsch. Beim SV Geigant (Gächat) wurden wir mit einer eigen- und einzigartigen Umlautverschiebung konfrontiert, die uns aufgrund unserer zarten Besaitung etliche Punkte kostete. Hier lautete die Mundartvariante von Schießen „Scheißen".

Dabei gilt es, einen klaren Trennstrich in der sprachwissenschaftlichen Bewertung zu ziehen. Der Geiganter an sich wendet nicht bewusst einen Begriff der Fäkalsprache an, sondern wurde selbst zum bedauernswerten Opfer der dialektalen Sprachentwicklung in dem ihm eigenen Lebensraum. Dadurch, dass der volksnähere Begriff für „große Notdurft verrichten" lautlich bereits von „Schießen" besetzt war, musste für den rückwärtigen Ausscheidungsprozess ein anderer her. Allein schon, um die Fußballplätze vor Kloakenbildung zu bewahren. Der Gemeinderat einigte sich in einer nicht öffentlichen Sitzung auf das höherwertig klingende österreichische „Schäßn". Eine späte Geste der Dankbarkeit gegenüber Kaiserin Maria Theresia, die im Österreichischen Erbfolgekrieg einige Orte in der Umgebung in Schutt und Asche legen ließ, sich aber um Gächat nichts geschossen hat.

ORTSCHAFTSLYRIK VON *A* BIS *Z*:

U

Untergriesbach

Kommst, Pilger, du nach Untergriesbach
fromm, auf des heilgen Jakobs Wegen,
sei auf der Hut, nimm dich in Acht,
erbitte Gottes Schutz und Segen.

Die Ohren lass mit Wachs dir schließen,
die Lider fest mit Harz verkleben.
Dem wilden Jochenstein zu Füßen
an den Donauuferwiesen
geht es ums nackte Überleben.

Es räkelt sich auf einem Steine
wie Loreley am schönen Rheine
anmutig und verführerisch
die Nixe Isa, Weib und Fisch.

Wild wallt ihr wundervolles Haar.
Prall grüßen ihre nackten Brüste.
Kommst der Nixe du zu nah,
verendest du im Reich der Lüste.

Wenn sie mit nasser, spitzer Zunge
dir Träume in die Muschel gurrt,
vergisst du Metschugore, Lurd
Altöttig, Fatimo, Assisyph ... Äh?
Sogar die Kaiserin. Wie hieß die?

Weißt schon, die Junge.
Vergisst.
Wer du wurst.
Was los bist!
Und nichts reimt sich auf einmal mehr.
Auf jeden Fall aufpassen, da unten, Kamerad.

V

Vilzing

Hiking
Biking
Living
Dying
Vilzing

W

Wetterfeld

Oääääng, öäääääng, oäääääääääääng.
Duchfahrtsverkehrsberuhööööööääännnännnännng.
Zur Schnellstr rrrr rrrr rrrr rrooääääng ausgebaooaaaaaaht.
Scheuer, Spatenstich:
„Freue mich.“
Roääääääääng.
Unterführung, Überführung,
ix ix ell Ausführung.
Teer. Schwarzes Gold.
Mehrspurig, großspurig.
Zweiundvierzig Millionäääääääööööööööng.
Nein, mehööööööääääääärrr.
Armes altes Wetterföööööööö ööö öö ö.

EISERNER VORHANG UND SCHWEDISCHE GARDINEN

Ein Zehnjähriger weiß von manchen Sachen sehr viel, von anderen gar nichts. Ich zum Beispiel konnte mit meinem NATO-oliven Blechpanzer, den ich mir zu Weihnachten gewünscht hatte, die Eisenbahn meines größeren Bruders dermaßen bombardieren, dass kein Waggon mehr am anderen hing, geschweige denn auf Schienen fuhr. Es war ein sehr guter Panzer. So einer, wie er heute für Kinder nicht mehr gebaut wird, damit sie keine Kriegsverbrecher werden. Er verfügte über zwei Raketenwerfer, die ich separat in verschiedenen Winkeln anstellen konnte. Das bedeutete, ich war in der Lage, ohne Standortwechsel gleichzeitig das näher gelegene Gleis am Tunnelausgang und das weiter entfernte hinter der mit Weidekühen bestückten Anhöhe zu beschießen. Mein Bruder baute eine massive Legostein-Mauer auf, um seine Transporte zu schützen. Mit Erfolg. Die Raketen stellten sich als zu leicht heraus. Sie verfügten trotz hoher Geschwindigkeit nicht über die nötige Durchschlagskraft. Ich ersetzte sie durch Spicker (heute: Dart-Pfeile). Deren Metallkörper verliehen ihnen die gewünschte Wucht, die gekreuzten Heckflügel eine stabile Flugbahn.

Am zweiten Weihnachtsfeiertag kam traditionell die Familie meiner Mutter zu Besuch. Auch der Onkel aus dem Württembergischen, der sich nach dem Weltkrieg einige Monate im Schwarzwald verstecken musste, damit sie ihn nicht finden und aufhängen. Als er mich mit dem Panzer spielen sah, glänzten seine Augen. Gerade als er den Satz, ob es sich bei der Munition um Hartkerngeschosse mit Wolframcarbid-Kern oder um Hohlladungsgeschosse handle, halb ausformuliert hatte, beantwortete sich die

Frage von selbst. Ich löste mit dem Knie versehentlich den Abschussmechanismus aus. Die Eisenspitze der Rakete durchschlug sein Flanellhemd und bohrte sich gute zwei Zentimeter tief in den Unterarm.

Keiner schimpfte mich. Trotzdem wunderte es mich nicht, dass der Panzer am nächsten Tag für immer verschwunden war.

Dieses Ereignis mag ausschlaggebend dafür gewesen sein, dass meine Eltern mir fürderhin eine friedenspolitische Bewusstseinserweiterung angedeihen lassen wollten. Schließlich hatte ich bei meinen militärischen Aktionen nicht nur Plastikkühe und Lokomotiven umgeworfen, den Fischfutterspender demoliert und zwei Glühbirnen abgeschossen, sondern auch ein Familienmitglied verwundet.

Wir fuhren zum „Eisernen Vorhang", wo man mir die dramatischen Kriegsfolgen vor Augen führen konnte.

Ich muss zugeben, dass mir der Begriff „Eiserner Vorhang" nicht viel sagte. Er war vergleichbar mit meinem Wissen über „Schwedische Gardinen". Beides, Gardinen und Vorhänge, hatte sich bislang ausschließlich in Form von Marianne Koch und ihrer Fernsehwerbung für ADO-Produkte mit der Goldkante in mein Leben gedrängt.

Auf der Fahrt, ich glaube, es ging nach Bayerisch Eisenstein, machte ich mir viele Gedanken darüber, was mich dort erwarten würde. Eine riesige verrostete Wand aus Metall? Ein schweres Gefängnistor, so weit und so hoch das Auge reicht? Mein Bruder verfügte über die verwerfliche Gabe, ein mulmiges Gefühl meinerseits sofort zu erkennen und alles daran zu setzen, es zu verstärken. Er nahm während der Fahrt auf dem Rücksitz unseres schlammfarbenen 34 PS VW Käfers Rache für die brutalen Angriffe auf sein Eisenbahnimperium. „Dort fallen riesige Eisenbrocken vom Himmel und erschlagen kleine Buben.“ „Du wirst an der Grenze gegen ein lieberes Kind ausgetauscht.“ „Dort wirst du von russischen Bären gefressen.“

Wir parkten, stiegen aus. Während des gesamten Aufenthalts ließ ich die Hand meiner Mutter keine Sekunde los und schaute dauernd nach oben, um im Fall des Falles ausweichen zu können.

Einen eisernen Vorhang sah ich nicht. Lediglich ein Schild mit „Halt Grenze“ und eine Art Geländer, hinter das man nicht gehen durfte. Papa wollte ein Foto von seinen Söhnen machen und schickte uns zum Schild. Der Blick meines Bruders signalisierte mir, dass nun der Zeitpunkt des Austauschs gekommen sei. Ich war auf das Schlimmste gefasst.

Auch wenn ich an diesem Tag nichts über den Eisernen Vorhang erfahren hatte, mochte ich ihn nicht.

Am 5. März 1946 besuchte der amerikanische Präsident Harry S. Truman in Begleitung des britischen Premierministers Winston Churchill das Westminster College in Fulton im Mittleren Westen der USA. Dort hielt Churchill vor 30.000 Zuhörern seine berühmte Missouri-Rede. 3.000 ausgewählte Gäste durften dem Vortrag im Saal folgen, für den Rest wurde er ins Freie übertragen.

Alte Filmaufnahmen zeigen, dass Churchill die Ansprache bestens gelaunt und von Scheinwerfern perfekt ausgeleuchtet begann. Bald jedoch störten ihn das grelle Licht und die Hitzeentwicklung der Strahler. Er verlangte, diese abzuschalten. Von da an wirken die Aufnahmen düster und bedrohlich. Ebenso die Inhalte seiner Rede. Er sprach von einem Schatten, der auf die (politische) Lage falle. Erstmals benutzte er den Begriff „Iron Curtain“, der sich zwischen Stettin und Triest heruntersenke. Ein „Eiserner Vorhang", der Europa in Ost und West teile. Ein Grenzstreifen, der bald symbolisch für die Ära des Kalten Krieges stehen sollte.

Für den Bayerischen Wald hatte die kommunistische Abschottung gegen den kapitalistischen Volksfeind weitreichende Folgen. Über zweieinhalb Millionen Deutsche wurden aus der Tschechoslowakei vertrieben bzw. flohen von dort. Viele siedelten sich auf bayerischer Seite direkt hinter der Grenze an. Oft hausten sie in Elendsquartieren. Die Bevölkerungszahl nahm in manchen Gegenden um ein Drittel zu. Eine enorme Belastung für die seit jeher strukturschwache Region. Der Spruch „Lieber tschechisch sterben als bayerisch verderben" machte die Runde. Von Zeitungen und Zeitschriften wurde zur „Hilfsaktion Bayerischer Wald" aufgerufen. Abgetragene Kleidung und gebrauchte Wohnutensilien wurden bis aus Hamburg an die grenznahen Landratsämter zur Weiterverteilung geschickt. Kniestrümpfe, Damenschlüpfer, Wolljacken. Die am Existenzminimum dahinsiechenden Bayerwäldler waren um jede Unterstützung froh. In Passau gab es 1953 rund 30 Prozent Arbeitslose, in Deggendorf 34,4 Prozent. Ein Teil des Bayerischen Waldes wurde zum Notstandsgebiet erklärt. Wer hier lebte, fühlte sich am Ende der Welt. Der Bundestag beschloss die Grenzlandförderung, um die Lebens- und Arbeitsbedingungen an der Ostgrenze zu verbessern.

Zwei Jahre vor diesem Beschluss, 1951, war nahe der tschechoslowakischen Westgrenze eine 20 Meter breite Schneise geschlagen und darauf ein dreireihiger Zaun errichtet worden. Einige Abschnitte wurden vermint. Vor dem Stacheldrahtzaun wurde das Gelände geeggt, um die Spuren von Flüchtenden besser verfolgen zu können. Entlang der Zäune standen Wachtürme. Der mittlere der Zäune stand unter 5.000 bis 15.000 Volt elektrischer Spannung. 95 Menschen starben aufgrund von Stromschlägen. Der elektrische Zaun wurde 1965 durch eine „humanere" Signalanlage ersetzt.

Warum sich Familienausflüglern wie uns ein relativ unspektakuläres Bild des Eisernen Vorhangs präsentierte, lag daran, dass der Großteil der martialischen Sicherungsanlagen im Hinterland außer Sichtweite neugieriger westlicher Blicke installiert worden war.

1945 hatte die amerikanische Militärregierung eine „Bayerische Landesgrenzpolizei" ins Leben gerufen. Sie sollte den Grenzverkehr überwachen, unerlaubte Grenzübertritte verhindern, den Flugverkehr beaufsichtigen und grundsätzlich die Grenze polizeilich schützen. Bis 1989 schwoll die Zahl der mit diesen Aufgaben Betrauten von 1.800 auf 3.200 an. Warum die Arbeit als Grenzer so begehrt war, lag einerseits am sicheren Arbeitsplatz. Böse Zungen behaupten heute noch, dass sich die Beschäftigten zudem „keinen Haxen ausreißen mussten". Ihre Kernkompetenz und die der tschechischen Kollegen habe darin bestanden, sich gegenseitig mit Feldstechern zu beobachten und sich über die Uniformen der Systemfeinde lustig zu machen.

Grenzübergänge wie die in Waidhaus, Furth im Wald oder Bayrisch Eisenstein bildeten die legalen Schlupflöcher des Personen- und Warenverkehrs. Wer in die Tschechoslowakei wollte, musste ein Visum beantragen und zwangsweise Geld umtauschen. Zwischen 12 und 30 Deutsche Mark, die nicht wieder ausgeführt werden durften. Die Wartezeiten vor und an den Grenzkontrollen konnten sich bis zu zehn Stunden hinziehen. Oftmals wurde die Einreise willkürlich verweigert. Bis zu 7.000 Bundesbürger wurden pro Jahr an den Grenzübergängen abgewiesen.

War das Reisen in die eine Richtung schon beschwerlich und umständlich genug, glich der Aufwand für den Grenzübertritt von Tschechoslowaken nach Deutschland den unendlichen Qualen des Korintherkönigs Sisyphos. Zunächst war ein Reisepass nötig. Klingt aus heutiger Sicht einfach, aber das kommunistische Innenministerium hatte 1948 die Gültigkeit aller Reisepässe der tschechoslowakischen Staatsbürger aufgelöst. Je reisewilliger der Antragsteller, desto gnadenloser wurde er ignoriert, umso länger wurde er vertröstet und desto wahrscheinlicher fiel sein Antrag zufällig unter den Tisch. Ein Antrag auf Devisenzusage musste gestellt werden: die einzige legale Möglichkeit, Kronen in Fremdwährung zu tauschen. Die Bewilligung musste von der Arbeitsstelle, von der Schule oder vom Nationalausschuss empfohlen werden. Der Antrag konnte nur mit Gebührenmarke eingereicht werden, die meist wochenlang auf sich warten ließ. Am einfachsten war es, den Bittsteller als „unzuverlässig" einzustufen, wofür keine nachvollziehbare Begründung nötig war. Alternativ zur Devisenzusage konnte eine beglaubigte Einladung aus dem Westen vorgelegt werden. Sie war nur gültig, wenn der Einladende für jeden Aufenthaltstag seines Gasts in Deutschland 36,50 Deutsche Mark an die Tschechoslowakische Staatsbank überwies und bestätigte, für alle Kosten aufzukommen, die der Gast während seines Aufenthalts verursachte. Ein Strafregisterauszug musste beantragt werden. Wartezeit drei Wochen. Der Ausreisevermerksantrag war zu stellen, welcher wiederum eine Empfehlung von offizieller Stelle voraussetzte. Es folgte nach Erfüllung etlicher weiterer Erfordernisse die Anhörung in der Kaderabteilung, welche klare Anweisungen gab, wie man sich im feindlichen Ausland zu verhalten habe. Hatte man alle Hürden gemeistert, prüften mehrere

Beamte den Antrag. Jeder von ihnen hatte eine andere Vorstellung von Vollständigkeit und forderte zusätzliche Informationen oder inhaltliche Änderungen. Wer es fertigbrachte, alle administrativen und persönlichen Wünsche zu erfüllen, durfte auf die Einladung zur persönlichen Aushändigung des Ausreisevermerks warten. Im Falle, diese verzögerte sich so lange, dass die Gültigkeitsdauer der dafür ausgestellten Genehmigungen und Bestätigungen abgelaufen war, begann die gesamte Prozedur von vorne. Kam der Vermerk rechtzeitig, ging man zur Bank, kaufte laut Antrag auf Devisenzuteilung 25 Mark und erhielt eine Bescheinigung, dass es sich dabei um rechtmäßig erworbenes Geld handelte. Nun mussten nur noch Gebührenmarken gekauft und die Zoll- und Devisenerklärung ausgefüllt werden. Schon konnte es losgehen. Inklusive Vorfreude auf die bevorzugte Behandlung bei der Ausreise.

Die Flucht bildete den alternativen Weg der Grenzüberschreitung. Bis 1951 waren 60 Prozent der Fluchtversuche erfolgreich. 25.000 Menschen schafften den aus östlicher Sicht illegalen Grenzübertritt. Auch die gnadenlose Aufrüstung des Grenzbollwerks konnte die Fluchtwilligen nicht abhalten. Mit entführten Flugzeugen, in selbst genähten Heißluftballons, auf Luftmatratzen und versteckt in Zugfahrwerken versuchten sie ihr Glück. Die Beschreibungen von Todesfällen bei Fluchtversuchen reichen von Organversagen nach der Verhaftung über Minenexplosionen bis zur Zerfleischung durch Diensthunde.

Mit dem Mauerfall 1989 ist auch der Eiserne Vorhang endlich (und hoffentlich) Geschichte. Am 3. November wurde die tschechoslowakische Grenze für DDR-Bürger geöffnet. 63.000 Flüchtlinge überschritten innerhalb der ersten neun Wochen die bayerisch-böhmische Grenze. Am

23. Dezember durchschnitten die Außenminister Hans-Dietrich Genscher und Jiří Dienstbier am Übergang Waidhaus-Rozvadov den Sperrzaun. Darauf folgte der zügige Abbau der Anlagen.

Ab Juli 1990 war visumsfreier Grenzverkehr möglich.

Am 3. November 1994 schlossen die beiden Länder den „Vertrag zwischen der Bundesrepublik Deutschland und der Tschechischen Republik über die gemeinsame Staatsgrenze".

Ab Ende 2007 entfielen im Rahmen des Schengener Abkommens die Grenzkontrollen.

Ab 2020 sieht man sich zeitweise gezwungen, die grenzüberschreitende Willkommenskultur aufgrund der Corona-Pandemie auszusetzen.

Der Eiserne Vorhang is back.

Eine Zeit lang. In Leichtmetallausführung.

INTERVIEW: STEHENBLEIBEN ODER ICH SCHIESSE

Hermann Wallisch war 30 Jahre lang Grenzpolizist. Er erlebte täglich, was es heißt, mit dem „Feind" Zaun an Zaun zu arbeiten. Der Nachbar hieß Tschechei, der Feind wahlweise Russe oder Kommunist.

Wallisch erklärt sich bereit, mir einige Fragen zu beantworten beziehungsweise aus dem Zeitzeugen-Nähkästchen zu plaudern. Ich besuche ihn im nebelverhangenen Schönsee, wo er seit 1966 lebt. Nur einen Steinwurf von den damaligen Grenzanlagen entfernt. Er schickt voraus, dass er, auch wenn er es wollte, nicht alles erzählen darf. Einiges unterliege auch zwei Jahrzehnte nach seiner Pensionierung der dienstlichen Verschwiegenheitspflicht, anderes verstieße gegen das Persönlichkeitsrecht von Menschen aus der Umgebung beziehungsweise ihrer Nachfahren. Hier kennt jeder jeden. Auch ohne Namensnennung ließen sich bestimmte Begebenheiten konkreten Personen zuordnen. Das möchte Hermann Wallisch vermeiden.

Fangen wir mit einer typischen Grenz-Geschichte an?

Ganz in der Nähe, in Friedrichshäng, steht das Grenzwirtshaus Gerstmeier. Da finden übrigens alljährlich die bekannten Pascher-Spiele statt, eine sehenswerte Freiluftaufführung über Schmuggel, Liebe und Vertreibung. Früher war die Gaststätte auch Anlaufstelle für tschechische Grenzer. Das meiste, was sich dort abspielte, durfte besonders auf tschechischer Seite keiner wissen, da sich das Wirtshaus auf deutschem Staatsgebiet befand und Grenzübertritte strengstens verboten waren. Wir Polizisten mussten einmal wegen eines Zwischenfalls anrücken. Einige tschechische Grenzsoldaten wollten sich etwas zu trinken holen. In ihren trostlosen, kasernenartigen Unterkünften war eine der Hauptbeschäftigungen, sich zu besaufen. Und beim Gerstmeier gab es gutes Pivo. Nur, dass ihnen der Wirt an diesem Abend nicht den gewollten Kasten Bier mitgegeben hatte, sondern Limonade. Als sie das bemerkten, fuhren sie aufgebracht zurück und forderten Bier. Sie bekamen es. Bestimmt auch deshalb, weil sie ihrem Wunsch mit Maschinenpistolen Nachdruck verliehen. Als wir zum Einsatzort kamen, zählten wir 42 Patronenhülsen auf der Straße. Gott sei Dank keine Toten oder Verletzten. Was sich genau abgespielt hatte, blieb im Dunkeln. Der Wirt zuckte mit den Achseln und behauptete, zur fraglichen Zeit nicht anwesend beziehungsweise schon im Bett gewesen zu sein.

Das ist schon recht drastisch, wenn Schusswaffeneinsatz zur typischen Grenz-Geschichte gehört. Abgesehen von solchen Einsätzen: Hatten Sie auch persönliche Kontakte mit den tschechischen Beamten?

Offiziell nicht. Aber ich erinnere mich an ein Erlebnis Anfang der 80er-Jahre. Dazu muss ich vorwegschicken, dass die Tschechen immer scharf waren auf unsere Kataloge, Quelle, Neckermann, Baader, und auch auf unsere Plastiktüten. Besonders, wenn Sie bunt waren und schöne Motive hatten wie an Weihnachten. Und wir haben sie gern damit versorgt. Die Tschechen haben in regelmäßigen Abständen die Grenze neu vermessen. Das heißt, sie überprüften, ob sich durch Bachläufe, Auswaschungen und so weiter nichts verändert hatte. Ob die Grenzsteine noch dort waren, wo sie hingehörten. Unser Chef hatte die Idee, sich mit dem tschechischen Vermessungsteam auf eine bayerisch-böhmische Brotzeit zu treffen. Wir wollten Brezen und Leberkäs mitbringen, sie das Pivo. Na gut. Wie ausgemacht standen wir auf unserer Seite des Schlagbaums. Die Vermesser schleppten ein Tragl Bier an. Plötzlich prescht ein Jeep aus Richtung Plöß daher. Ein tschechischer Offizier springt heraus und schreit herum. Die Brotzeitfreunde verschwinden sofort im Wald. Sie hatten gegen das Verbot verstoßen, mit westlichen Grenzorganen Kontakt aufzunehmen.

Was ist mit ihnen passiert?

Ich weiß es nicht. Wir haben die Leute nie mehr an der Grenze gesehen oder etwas von ihnen gehört. Dabei hatten wir es wirklich nur gut gemeint. Beziehungsweise unser Chef. Der wollte halt, dass sich ein bisschen mehr rührt. Er kam aus Ansbach und hatte dort mit den Amerikanern, den GIs zu tun. Im Vergleich dazu war beim Grenzdienst für ihn zu wenig Action geboten. Ich erinnere mich noch, wie er sich freute, als wir Streife fuhren und das Ganze in einer Verfolgungsjagd mit einem aufgemotzten BMW endete. „Hermann, den Hundling hol ma uns!“, hat er mich angefeuert.

Und?

Wir haben ihn uns geholt.

Gab es andere erwähnenswerte Kontakte außer des Versuchs mit dem Vermessungsteam?

Einmal war ich mit einem Kollegen auf Streife. Von Charlottenhütte aus sahen wir im Tal Rauch aufsteigen, also fuhren wir hinunter. Es war Sommer, die Wiese gemäht. Wir konnten mit dem Auto nah an den Goldbach, der im Charlottental gleichzeitig die Grenze bildete, fahren und hinüberschauen. Aha, da drüben wurde Holz gemacht. Und die tschechischen Holzarbeiter verbrannten alles gleich vor Ort. Als sie uns sahen, zögerten sie erst, dann kamen sie auf uns zu. Ich sagte zum Kollegen, dass wir jetzt etwas bräuchten, das wir ihnen schenken könnten. Das würde sie bestimmt freuen. Mir fiel ein, dass ich noch eine Schachtel „Mon Chéri“ für meine Frau im Kofferraum hatte. Die musste ich für den guten Zweck opfern. Also hin zum Bach. Als ich ihnen die Schachtel zeigte, lief einer weg und kam nach einiger Zeit mit einer weißen Plastiktüte zurück. Ich werfe ihm mein Geschenk rüber, er mir die Plastiktüte. Drin war ein hölzernes Pilsener Bierkrügl mit Wappen. Gegenseitige Dankeschön-Gesten. Dann sind wir wieder gefahren. Ich war verpflichtet, das zu melden, weil ich den Krug von einem Tschechen bekommen hatte. Das Geschenk ging nach Waidhaus zur Inspektion. Die mussten das Grenzpolizeipräsidium in München drüber unterrichten. Dort wurde entschieden, dass ich das Krügerl behalten darf. Okay, und ungefähr zwei Wochen später, ein Samstagnachmittag. Ich war gerade beim Rasenmähen. Ruft der Chef an. Sagt: „Hermann, die in Waidhaus haben einen Illegalen gefangen. Einen Tschechen. Der redet die ganze Zeit von irgendeiner Schokolade, die er von jemandem bekommen habe. Das kannst doch nur du gewesen sein. Komm doch mal zu uns raus.“ Ich fuhr gleich los. Waren ja nur 500 Meter. Als ich reinkomme, fällt mir der Illegale um den Hals. Es war der Waldarbeiter, der mir den Bierkrug gegeben hatte. Der Mann war vormittags bis an den Grenzzaun gefahren. Zu den Grenzposten sagte er, er müsse zur Bauhütte da vorne fahren und eine Motorsäge holen. Und unweit der Stelle, wo wir unsere Geschenke ausgetauscht hatten, war das Wasser besonders flach. Der Waldarbeiter gibt Vollgas, prescht mit seinem Škoda durch den Bach, dass es ihm die halbe Vorderachse herausreißt, schafft es aber trotzdem noch bis zur Teerstraße auf unserer Seite.

Wahnsinn. Kurze Zwischenfrage: Wann war das ungefähr?

Schon in den 80ern. Zufällig kommt eine Zivilstreife vorbei und sieht das Auto. So was gab es damals nicht. Ein tschechisches Auto auf einer deutschen Straße. Sie nehmen den Mann fest. Und dann erzählt er ihnen vom Kontakt mit mir. Gut. Wir haben ihm dann ein Gockerl zur Stärkung gekauft und ein Eis. Er hat sich riesig gefreut. Von hier aus ist er nach Nürnberg, Zirndorf gekommen ins Aufnahmelager. Seine Familie hatte er damals zurückgelassen. Die haben bestimmt Schwierigkeiten bekommen. Wie das alles ausgegangen ist, weiß ich nicht.

Warum wurden Geflüchtete wie er von den deutschen Behörden als „Illegale" bezeichnet?

Er war ja unerlaubt, ohne Visum über die deutsche Grenze gekommen. Es galt damals Visumspflicht. Ohne Visum hielt sich ein Tscheche zunächst einmal illegal in Deutschland auf. Er konnte Asyl beantragen und nach dem üblichen Prozedere einen legalen Aufenthaltsstatus erreichen.

Wie gefährlich war die Grenze damals? Für Flüchtende wie ihn bestimmt sehr. Aber für Grenzer oder auch für die normale Bevölkerung?

Es kommt drauf an. Man durfte halt nicht zur falschen Zeit am falschen Ort sein. Zum Beispiel sehen zwei Bundesgrenzschützer bei einem Streifengang auf bayerischer Seite einen tschechischen Soldaten. Das war oben auf der Bügellohe, mit 800 Metern so ziemlich die höchste Erhebung in der Gegend. Sie nehmen ihn fest. Was die beiden BGSler nicht bemerkten, war, dass eine Soldatengruppe sich gegenüber verschanzt und mit Kalaschnikows auf sie angelegt hatte. Gott sei Dank ging die Festnahme ohne

Blutvergießen aus. Dass auf tschechischer Seite Scharfschützen in den Gräben lagen und zu allem bereit waren, war in der Grenzlandbevölkerung ein offenes Geheimnis. Traurige Berühmtheit erlangte der Fall Johann Dick, 1986. Der 59-jährige ehemalige Oberstleutnant war zum Wandern in die Tirschenreuther Gegend gefahren. Bei Mähring wurde er von Tschechien aus angeschossen. Auf deutschem Hoheitsgebiet. Die tschechischen Soldaten zogen ihn zu sich über die Grenze, um eine Grenzverletzung vorzutäuschen. Der harmlose Spaziergänger starb. Hintergrund war damals, dass zwei polnische Staatsbürger über die Grenze flüchten wollten, während Dick unterwegs war. Die jungen und übereifrigen tschechischen Soldaten hatten sie aus den Augen verloren. Es herrschte enormer Druck auf den Grenzern. Wenn jemandem die Flucht nach Deutschland gelang, galt das als persönliches Versagen des Grenzsoldaten. Sie sahen auf deutscher Seite einen Mann mit Rucksack und dachten, das sei einer der Polen. Als sie ihren Irrtum bemerkten, versuchten sie, die Tat zu vertuschen.

Was wusste man über die Grenzer auf der anderen Seite?

Das waren meist ganz junge Kerle, 18, 20 Jahre alt. Die wurden für 24 Monate verpflichtet, durften kaum heimfahren, waren also ständig in ihren Unterkünften. Sie kannten nichts außer Streifendienst und Saufen. Eine der Kasernen stand dort, wo bis 1950 der zivile Ort Wenzelsdorf gewesen war. Davon wurden nur einzelne Häuser stehen gelassen und in die Kasernen integriert. Luftlinie liegt das ungefähr einen Kilometer von hier, von Schönsee entfernt. Interessant ist, dass die Kasernen selbst nochmal von außen eingezäunt und bewacht wurden, damit die Grenzsoldaten nicht fliehen konnten. Und viele von den Toten an der Grenze waren auch tschechische Soldaten. Entweder Selbstmord oder auf der Flucht erschossen von den eigenen Kameraden. Da gab es viele dramatische Geschichten. Oben bei der Silberhütte steht auf tschechischer Seite ein Aussichtsturm, der Havran. Wenn man die Stufen raufsteigt, sind an den Seiten solche Grenzschicksale dokumentiert. Beispielsweise von einer vierköpfigen Familie, 1982. Die Familie Simon aus Wallhausen in Sachsen-Anhalt wollten raus aus der DDR. Weil die deutsch-deutsche Grenze als kaum überwindbar galt, versuchten es die Eltern Rolf und Petra mit ihren Kindern, dem achtjährigen Michael und der neunjährigen Jana, über die Tschechoslowakei. Die Flucht scheiterte. Das Tragische daran war, dass sich die Familie bereits auf bayerischem Boden befand, als sie wieder zurückgetrieben wurde. Im Dorf Doubrava, Bezirk Cheb, wurden sie durchsucht und verhört. Da die Simons kein Tschechisch und die Grenzbeamten kein Deutsch sprachen, kam es wohl zu Missverständnissen. Auf den Vater wurde eingeschlagen. Er wurde an einen Heizkörper gefesselt und am Arm mit Zigaretten verbrannt. Am nächsten Tag wurde die Familie der ostdeutschen Staatssicherheit übergeben. Die Eltern kamen ins Gefängnis, die Kinder ins Heim. Wenn man den Havran runterschaut, sieht man einen Stacheldrahtzaun. Das war damals ein Laufzaun für Hunde. Die wurden darauf abgerichtet, Menschen totzubeißen. Auf einer der Tafeln kann man das Schicksal eines jungen Mannes nachlesen, der auf der Flucht von den Hunden angefallen und bis aufs Skelett zerfetzt wurde. Wenn ein Flüchtling an den Zaun kam, wurde automatisch Alarm ausgelöst, die Hunde freigelassen und die Hetzjagd ging los. Ein Drama.

Zu der ständigen Jagd nach Flüchtlingen kam die gegenseitige Beobachtung. Wie war das?

Ich mache öfter Grenzbesichtigungen mit Schülern und Studenten. Aus Bayern, aber auch aus Prag und Pilsen. Wir gehen dann von Friedrichshäng Richtung Plöß. Auf dem Weg sieht man schon, dass etwas Betonartiges in den Boden eingelassen ist. Fast wie Kanaldeckel. Darunter sind Bunker. Auf dem Plößer Friedhof, der von Sudetendeutschen wieder hergerichtet worden ist, befindet sich die Gruft eines ehemaligen Bürgermeisters. Diese Gruft haben die Tschechen damals als Beobachtungsstand hergenommen. Heute kann man noch die Platte abheben und die sauber ausgeweißelten Räume ansehen. Von da aus konnten die Tschechen die feindliche Umgebung auskundschaften. Gegenüber auf dem Eulenberg hatte nämlich der Bundesgrenzschutz einen Turm gebaut, von dem aus in die Tschechoslowakei hineingespäht wurde. BGS, Grenzpolizei, Zoll, Amerikaner: Alle nutzten diesen Beobachtungsturm. Drüben am Plattenberg fingen die Russen Ende der 60er-Jahre an zu sprengen. Natürlich wurde man auf unserer Seite hellhörig. Was machen die da? Was soll das werden? Irgendwann sah man Baubewegungen. Es wuchs etwas in die Höhe. In unmittelbarer Grenznähe bauten die Russen ihre modernste in den Westen gerichtete Radarstation. Eine Anlage, mit der bis nach Frankreich hinein Funkverbindungen abgehört werden konnten. Und noch mal der Russe: Während der Dubček-Ära wurde ich als Soldat aus dem Bett geholt. Prager Frühling. Alarm. Die westliche Welt hatte Angst vor der Gefräßigkeit des russischen Bären. Man war auf das Schlimmste gefasst. Wir hatten zuvor schon Einweisungen für den Ernstfall bekommen, mussten in den Boden eingelassene Schächte mit käselaibgroßen Sprengladungen füllen. Die Schützenpanzer wurden strategisch positioniert, um die mögliche Invasion aufzuhalten oder wenigstens zu verzögern. So ernst war damals die Lage.

Das erinnert an die Kuba-Krise.

Richtig. Das war der Kalte Krieg. Es gab auch Zwischenfälle im Luftverkehr. Die Russen versuchten immer wieder, mit ihren MiGs hier einzubrechen. Wenn das der Fall war, stiegen sofort die Amis in Ramstein auf und waren ratzfatz da. Einmal hat es hier im Ort die Schaufenster und Scheiben zerdonnert – sie haben die Schallmauer durchbrochen und die MiGs abgedrängt. Aber das geschah auf beiden Seiten. Auch die Amis flogen absichtlich über die Grenze. Provokation. Machtdemonstration. Eigentlich gab es rotweiß bemalte Masten, die man heute noch vom Hirschstein aus sieht. Dort hätten die Russen abdrehen müssen. Aber sie flogen halt ab und zu doch gern eine große Schleife über Bayern. Dazu kam auf beiden Seiten die Grenzüberwachung mit Hubschraubern. Als kleine Entschädigung kamen die amerikanischen Soldaten zur Weihnachtszeit mit Päckchen und verteilten sie an die Familien im Grenzgebiet. Eine Idee des MI, des militärischen Abschirmdienstes. Für die Kinder war das natürlich das Höchste.

Wenigstens ein kleines Trostpflaster für die bedrohliche Gesamtgemengelage auf westlicher Seite. Und was spielte sich hinter dem Eisernen Vorhang ab?

Vielleicht sagt Ihnen die „Operation Grenzstein“ etwas?

Nein.

Ich muss gestehen, dass ich in meiner aktiven Zeit als Grenzpolizist auch nichts davon wusste. Erst später habe ich mich damit beschäftigt. Der tschechische Geheimdienst hatte auf seinem Gebiet eine Grenzstation aufgebaut, die keine war. Den Flüchtenden wurde vorgegaukelt, sie hätten die Grenze bereits überwunden und befänden sich auf westlichem Gebiet, also in Sicherheit. Die Beamten im Gebäude der angeblichen Einreisekontrolle trugen amerikanische Uniformen. Eine deutsche und eine amerikanische Fahne waren gehisst. Sogar Whiskey-Flaschen sollen herumgestanden sein. Da keiner der Flüchtlinge wusste, wie eine westliche Grenzstation wirklich aussah, waren sie leicht zu täuschen.

Dazu kam die emotionale Ausnahmesituation, die Freude über die erfolgreiche Flucht.

Bestimmt. Die falschen Westler hießen die Flüchtlinge willkommen und fragten sie nach allen Regeln der Kunst aus. Warum, wieso, wer davon wusste, wer sie unterstützt hatte, welche Kontakte sie im Westen hatten und so weiter. In die Falle getappt. Sie wurden nach der Befragung sofort inhaftiert.

Wann war das und wie lange wurde diese perfide Methode angewandt?

So um 1948. Und, ich glaube, nicht mehr als drei Jahre lang. Dann bekamen die Tschechen Druck. Die tschechische Stasi musste das Ganze wieder abbauen. Aber auf diese Idee muss man erst mal kommen. Ehrlich gesagt war der tschechische Geheimdienst ganz schön auf Zack. Man könnte sagen wissbegieriger als unserer. Na ja. Die hatten auch mehr Grund dazu. Es ging ums System.

Wie lief denn die Grenzsicherung auf bayerischer Seite ab, sagen wir, ein typischer Streifengang?

Nur Hundeführer durften allein, bewaffnet mit Maschinenpistole, auf Streife gehen. Alle anderen Grenzbeamten mussten zu zweit sein. Ist klar. Damit bei eventuellen Zwischenfällen ein Zweiter reagieren, helfen oder Bericht erstatten konnte. Bestimmte Örtlichkeiten mussten angefahren werden. Manchmal gab es Kontrollen von der Inspektionsleitung, ob die Streifenfahrten auch ordnungsgemäß durchgeführt wurden. Ob die die Beamten zur vorgegebenen Zeit an bestimmten Orten waren und nicht irgendwo anders herumlungerten. In so einem Fall war natürlich der Teufel los. Wir mussten von Grenzstein zu Grenzstein kontrollieren. Auch im Winter. Erst bei unter zwölf Grad minus durften wir den Dienst abbrechen. Es gab Zollhütten, in denen man sich aufwärmen konnte. Die Streifen fanden zu unterschiedlichen Zeiten statt, damit sich die Tschechen nicht darauf einstellen konnten. Tag und Nacht. Unsere Aufgabe war, Grenzverletzungen zu verhindern und zu beobachten, was da drüben los war. Besonderes Augenmerk galt dem Bau der Radaranlage am Plattenberg. Welche Funkgeräte werden aufgestellt, welche Bewegungen finden statt. Tägliche Meldung nach München ins Präsidium zur aktuellen Lage an der Grenze. Vom Eulenberg aus konnte man die Baustelle mit Ferngläsern ganz gut einsehen. Wenn sich etwas Besonderes tat, meldeten wir das. Dann stiegen Hubschrauber auf, damit man sich ein besseres Bild von der Lage machen konnte. Übrigens führen die Tschechen noch immer Übungen durch, falls es einmal wieder nötig wäre, die Grenzen zu schließen. Offiziell heißt das „temporäre Wiedereinführung des Schutzes der Binnengrenze". 2019 wurde ein 201 Kilometer langer Abschnitt mit zwölf Grenzübertrittsstellen für 20 Stunden abgeriegelt. Ich glaube und hoffe aber, dass dieser Ernstfall nie mehr eintritt.

Wie viele Leute waren bei der bayerischen Grenzpolizei beschäftigt?

So 75 Leute bei der Inspektion Schönsee, zuständig für fünf Dienststellen: Waidhaus, Georgenberg, Flossenbürg, Eslarn, Schönsee. Die größten waren Waidhaus und Schönsee.

Und wie sind Sie zum Grenzpolizisten geworden?

Ich war zwölf Jahre bei der Bundeswehr, bin 1960 eingezogen worden. 1961 kam ich nach Oberviechtach. Später musste ich als Kompanietruppführer immer Kontakt mit der Grenzpolizei aufnehmen, wenn wir militärische Bewegungen Richtung Osten planten. Die Staatsstraße zwischen Schönsee und Eslarn war die äußerste Linie, welche die Bundeswehr nutzen durfte. Weiter durften wir nicht fahren. Ich hatte öfter mit dem Dienststellenleiter der Grenzpolizei Kontakt. Der wiederum kannte meine Frau sehr gut. Und er sagte: „Herr Wallisch, wollen Sie nicht zur Grenzpolizei gehen. Ich versichere Ihnen: Sie bleiben in Schönsee!" Das war ein gutes Argument. Aufnahmeprüfung in Nürnberg. Staatsbürgerkunde, Deutsch, Mathematik, Sport. Drei Tage lang. Dann Lehrgang in Dachau in einer Kaserne, die teilweise noch von Amis genutzt wurde. Nach dem Lehrgang gleich Dienstbeginn in Schönsee.

Sie sind also eher aus Zufall und Liebe zu Ihrer Frau zum Grenzer geworden. Nicht weil das Ihr Traumjob war?

Mit der Grenzpolizei konnte ich mich anfangs nicht so recht anfreunden. Bei der Bundeswehr hatte ich schon genug Wache geschoben. Ich war Polizist und wollte Polizeiaufgaben erfüllen. Deshalb habe ich viele landespolizeilichen Aufgaben übernommen. Der Grenzdienst gehörte halt dazu. Das passte schon. Für die ersten 20 Kilometer nach der Grenze waren nur wir von der Grenzpolizei zuständig. Überfall, Raub, Mord, Unfall, Wirtshausschlägerei. Gleich nach dem Krieg gab es noch keinen reinen, gut ausgebildeten Grenzbeamten. Die liefen noch mit amerikanischen Karabiner-Gewehren, dem M1, zu Fuß die Grenze ab. Erst später kamen Motorräder und viel später der VW Käfer. Einer dieser frühen Beamten wurde bei Untergrafenried beim Grenzgang erschossen. Das war der ausschlaggebende Vorfall, dass später keiner mehr allein unterwegs sein durfte.

Weiß man, warum und von wem er erschossen wurde?

Nein. Da kam nie etwas heraus.

Haben Sie selbst in Ihrer Dienstzeit mal geschossen?

Ja. In Stadlern oben. Ich sehe eine große männliche Person. Blondes Haar. Irgendwie auffällig. Im Grenzbereich durftest du damals einen Warnschuss abgeben. „Halt, Grenzpolizei. Stehenbleiben oder ich schieße.“ Bei Zuwiderhandlung folgte ein Schuss in die Luft. Der Mann ignorierte meinen Anruf, lief unbeeindruckt Richtung Schwarzach davon und verschwand. Das war ein tschechischer Sicherheitsoffizier, erfuhren wir später. Die wussten alles, was bei uns läuft. Sie kamen in Zivil rüber und spionierten aus, was auszuspionieren war. Demonstrativ. Wir trafen einmal einen – wahrscheinlich wusste der genau, wann wir vorbeikamen. Er hatte einen Ordner dabei und zeigte ihn uns. Da waren alle Beamten unserer Dienststelle namentlich aufgeführt. Zum Teil mit privaten Verhältnissen.

Und woher hatten die das?

Hauptsächlich von den Leuten, die an der Grenze wohnten. Die Tschechen suchten, fanden und nutzten die Kontakte. Man könnte es fast schon Zusammenarbeit nennen. Wenn da einer in Zivil kommt und ist nicht gerade unsympathisch, dann wird halt geredet. Oft am Wirtshaustisch bei einer Halbe Bier. Da erfährt man viel. Natürlich wussten die auch, dass wir nur Warnschüsse abgeben und sie nicht erschießen durften. Ausschließlich bei Gegenwehr wäre das erlaubt gewesen. Notwehr. Kontrolliert wollten sie natürlich nicht werden, sonst wäre es haarig für sie geworden.

Abschließend: Wie sehen Sie die Zeit vor und nach der Grenzöffnung?

Vor der Öffnung war der Dienst an der Grenze beklemmend. Man war immer auf der Hut, ob nicht irgendwelche Grenzsoldaten unterwegs sind. Ich mochte diese Grenzgänge nicht. Sie waren meistens auch nicht besonders interessant. Der sonstige Polizeidienst war viel abwechslungsreicher. Mehr Kontakt mit den Leuten, spannendere Einsätze. Aber im Rückblick bin ich zufrieden. Und da, wo ich früher manchmal mit einem mulmigen Gefühl an der Grenze war, kann ich heute entspannt spazieren gehen. Hinüber und herüber auf wunderbaren Wanderwegen.

GANGSTA HEIGL FEAT. RED THE RES

Der Räuber Michael Heigl lebte vor etwa 200 Jahren. Genauer gesagt kam er im August 1816 in Beckendorf (Kötzting) auf die Welt. 51 Jahre darauf wurde er im Zuchthaus umgebracht. Im Bayerischen Wald wird er als eine Art Volksheld verehrt. Wobei dieser Status vor allem auf der weitverbreiteten Meinung beruht, dass er keiner von den Bösen war, wie etwa Campus-Killer Ted Bundy, Vorschlaghammer-Mörder Yang Xinhai, El-Chanquito-Sadist Daniel Camargo Barbosa, la Bestia Luis Alfredo Garavito Cubillos oder Pedro Alonso López, das Monster aus den Anden. Michael Heigl galt als volksnah, als Robin Hood Bayerns. Er raubte jene aus, die es seiner Meinung nach verdient hatten, und teilte die Beute mit den hungernötigen Bayerwäldlern, welche ihn dafür mehrmals vor dem Zugriff der Polizei bewahrten.

Neuste kriminalhistorische Erkenntnisse offenbaren, dass die These vom großherzigen Besitztumsumverteiler nicht länger haltbar ist.

Die Legende beruhte auf einer autobiografischen Selbstbeweihräucherung Heigls, die er in seiner Räuberhöhle am Kaitersberg der Nachwelt hinterließ. Er beschreibt sich darin als ehrenwerten Bürger, der mit seiner treuen Lebensgefährtin, der Roten Res, nichts anderes im Sinn gehabt hätte, als im katholizistisch durchseuchten Grenzland sozialdemokratische Freiheitsprinzipien zu etablieren. Seine Darstellung der Dinge wirkt vor allem deshalb unglaubwürdig, weil er sie unter dem Pseudonym SRHL (SickRobberHigh.L) in einer Urform des heutigen Gangsta-Rap verfasste.

Gangsta-Rap ist eine verabscheuungswürdige, gewaltverherrlichende Musikgattung, von der bis vor Kurzem angenommen wurden, dass sie in den Gettos US-amerikanischer Großstädte entstanden sei. Als Keimzelle wurde die Single „P.S.K. – What Does It Mean?" von Scholly D aus dem Jahre 1985 deklariert. D wurde nachgewiesen, dass er sich dabei einer historischen Niederschrift Michael Heigls mit dem Titel „Wos i dazou moin" bediente. Bei der Verhaftung Scholly Ds wurde das Original in dessen vergoldetem Safe gefunden. Eine DNA-Analyse bestätigte die Vermutung, dass es sich bei der verwendeten Tinte um Michael Heigls Blut handelte.

Nachfolgend exklusive Auszüge aus Heigls Retrospektive auf sein angeblich so ehrenwertes Gangsta-Leben:

Ey Bro, isch hoff, dass du kenns misch.
Ey Digga, guck nisch so krass ängstlisch,
isch frag disch, schits wer sisch was um disch.
Der Babo! Chicks und Chabos, der bin isch.
Und lass kein Assi ever im Schtisch.

-

Ey, zwanzisch und etlische mehr Mann
gehörn sisch da Tschärity-Gäng an.
Was guckst du Gangsta High.L seitlisch an?
Ich bin da Real-Robber, nisch da TeVau-Sandmann.

-

Ey, pass auf, mit wem du begegnest.
Wenn du reisch bist, blauer Cäsch-Sack,
dass du den Zeitlischen nisch segnest,
dass du mir nisch zu örly abkackst.
Hast kein Schimmer und kein Blassdunst.
Bin da da Vintschi von da Raubkunst.

-

Ey, isch bin da Lai Lama drin im Wood.
Mit Tausend mehr Voltampere als wie Robin Hood.
My Red The Res is fuckin Mutti Theresa,
is keine Bitsch, isch know die escht besser.
Und isch bin da Samariter nämlisch.
Ey, Opfa du, was blutst du so dämlisch?

Das Original erstreckt sich über 300 Seiten und enthält unzählige Verschlüsselungen und Metaphern. Im Kern stilisiert sich Heigl zum uneigennützigen Wohltäter des Bayerischen Waldes. Seine Taten seien nicht verwerflich, da er auf der Seite der kleinen Leute stehe. Wenn ihm überhaupt Verbrechen vorzuwerfen seien, dann resultierten diese aus den Ungerechtigkeiten, die ihm von Kindesbeinen an widerfahren waren. Er reimt sich seine eigene Welt zusammen, als wäre er der Pippo Langstrumpf der Schwerkriminalität.

Als Sohn eines Tagelöhners, der sein Geld damit verdiente, seine Frau, Heigls Mutter, auf Jahrmärkten als Weib ohne Unterleib feilzubieten, verfiel er früh in philosophisch geprägte Selbstzweifel. Wie sollte er geboren worden sein, wenn seine Mutter nicht über die dafür nötigen körperlichen Voraussetzungen verfügte. Gab es ihn überhaupt oder bildete er sich das nur ein. Im Alter von sieben Jahren erledigten sich die Zweifel schlagartig. Aus Neugierde lugte er durchs Schlüsselloch, als der Dorfschreiber am Tag der Lohnzahlung seine Mutter in ihrer Kammer besuchte. Der kleine Michael war erleichtert. Sie verfügte über einen funktionsfähigen Unterleib. Er lebte also wirklich.

Früh musste er sich selbst um seinen Lebensunterhalt kümmern. Er hütete Ziegen auf Gut Nußdorf zu Neunußdorf.

Dass der Bock ihm eines Tages Hühnerdreck an die frisch gewaschene Hose scharrte, bezeichnet Heigl als Initialzündung für seinen Hass gegen das Establishment. Sogar die Tiere eines Adeligen konnten es sich erlauben, ihn zu erniedrigen. Er wollte sich „von denen da oben" nichts mehr gefallen lassen. Er begann in Furth eine Schlosserlehre und erlangte dadurch das handwerkliche Geschick, Opferstöcke aufzubrechen. Die Pfaffen gehörten auch zu den Obrigen und hatten nichts Besseres verdient.

Georg Haderbichler, der Wirt der Wiltinger Gastwirtschaft „Goldene Hofmark", wurde stutzig, als Heigl seine Zeche mit einem Sack voller Kreuzer begleichen wollte, die nach Weihrauch rochen. Er informierte die Gendarmerie. Heigl stand von nun an unter polizeilicher Aufsicht. Das hieß, ab 1841 sollte er die Hälfte seiner Einkünfte an den Vorsteher der Wachstube Wilting abtreten. Diese himmelschreiende Ungerechtigkeit zulasten der arbeitenden Bevölkerung ertrug Heigl nicht. Die Wiltinger Gendarmerie wurde im März 1842 wegen Personalmangel aufgelöst. Die „Goldene Hofmark" suchte zum schnellstmöglichen Antritt einen neuen Pächter.

Bald schienen Ein- und Aufbrüche ihm nicht mehr das geeignete Mittel zu sein, um für die hehren Ziele Gleichheit und Gerechtigkeit zu kämpfen. Heigl verdingte sich als Handelsvertreter. Möglicherweise plante er, das präkapitalistische Feudalsystem zu unterwandern und zu sabotieren. Von einer künstlerisch ambitionierten Wahrsagerin hatte er sich auf dem Traitschinger Jahrmarkt einen offiziellen Gewerbeschein ausstellen lassen. Wieder war es der verantwortungslose Missbrauch polizeilicher Befugnisse, der es nicht zuließ, dass er ein neues, gewaltfreies Leben beginnen konnte. Die Ordnungshüter verunglimpften die Gewerbeerlaubnis der rassigen, schwarzhaarigen Fachkraft für Lebensperspektiven als plumpe Fälschung. Der unschuldige Heigl wurde grundlos verhaftet, gedemütigt und in Straubing vor Gericht gezerrt.

Schnell erkannte er, dass von den Richtern keine Unterstützung zu erwarten war. Sie teilten weder seine revolutionäre Grundhaltung zur Umstrukturierung der herrschenden Besitzverhältnisse noch die zur gewaltlosigkeitsfreien Entprekariatisierung der Gesellschaft. Im Gerichtssaal zog er die einzig mögliche Konsequenz. Er hechtete durchs offene Fenster, landete auf dem Rücken eines Haflingers, der von den unterdrückten Knechten reicher Gäubodenbauern bereitgestellt worden war, und galoppierte unter tosendem Applaus der Straubinger Marktfrauen davon, zurück ins Herz das Bayerischen Waldes.

Rund um Kötzting und Viechtach sammelte er eine charakterlich formbare Räuberbande zusammen, führte sie in die Grundbegriffe des Humanismus ein und überfiel in den Folgejahren alle, die seine hohen Gerechtigkeitsansprüche nicht erfüllten: Adelige, Großgrundbesitzer, reiche Händler, Geistliche. Er verteilte die Beute an Arme, Alleinerziehende, Vertriebene, Witwen, Waisen, Leibeigene. Bald musste im Bayerischen Wald keiner mehr auf blankem Stroh schlafen, ohne Frühstück zur Arbeit gehen oder sich von inkompetenten Vorgesetzten erniedrigen lassen. Heigl stellte das Sozialwesen über den Salz-, Glas- und Viehhandel. Er schuf ein gesellschaftliches Miteinander, welches das Glück der Gemeinschaft über den Machtanspruch des Einzelnen stellte.

Mittlerweile hatte er in der bildhübschen und blitzgescheiten Roten Therese von Gotzendorf eine ideologische Mitstreiterin gefunden. Die „Roude Res“ veränderte das

Frauenbild im Bayerischen Wald: weg von der sich abrackernden Gebärmaschine, hin zur emanzipierten Familienorganisatorin. Eine geistige Tochter Jeanne d'Arcs und Olympe de Gouges. Wegbereiterin für Simone de Beauvoir, Alice Schwarzer und Pussy Riot.

Die Weltoffenheit des Paares, das sich für Frieden in der Welt und gegen die Brandrodung des Bayerischen Waldes einsetzte, machte sie zur Zielscheibe von Neidern und Verschwörungstheoretikern. Der Zusammenhalt der Heigl'schen Räuberbande bekam Risse. Es war sein ehemals treuester Kumpan Kall Max, der Heigls Versteck, die Höhle am Kaitersberg, verriet.

1854: Wieder wird in Straubing verhandelt. Die Richter verurteilen Heigl wider besseren Wissens zum Tode durch Enthaupten. Seinem Gnadengesuch wird stattgegeben, das Skandalurteil in eine lebenslange Kettenhaft abgemildert. Heigl wird in Richtung München, nach Au, verlegt und engagiert sich fortan für die Freiheitsrechte von Strafgefangenen.

Gäbe es lediglich das hier in groben Zügen dargestellte, von ihm selbst verfasste schriftliche Zeitzeugnis, könnte man den guten Ruf, den Heigl noch heute genießt, nachvollziehen. Im Nachlass der Roten Res fand sich jedoch ein Brief, den sie nach dem Ableben Heigls aus dem Zuchthaus in der Münchner Au erhalten hatte. Er stammt von einem Mithäftling namens Udo Bisch, der darin zugab, Heigl mit der Eisenkugel seiner Fußkette den Schädel eingeschlagen zu haben. Anlass war ein Battle-Rap, den er und Heigl im Verlies ausgetragen hatten. Wie bei solchen Auseinandersetzungen üblich hatten sie sich zur Unterhaltung des Publikums (Mitgefangene) gegenseitig bis aufs Blut diffamiert.

Udo Bisch war Heigl in allen Belangen überlegen. Seine Reime waren ausgereifter, das Vokabular gewaltverherrlichender und frauenverachtender, die Selbstüberhöhung substanzloser und damit weit grandioser als bei Heigls Vortrag. Er hatte Heigl in Grund und Boden gerappt, hätte sich also an die feuchte Kerkerwand zurücklehnen und bei Wasser und verschimmeltem Brot feiern lassen können.

Er tat das genaue Gegenteil, weil er den Softie Heigl weit mehr hasste (hate!), als es Disses und Punchlines je auszudrücken vermochten. Er warf ihm vor, dass er dem Gangsta-Rap mit seiner strumpfhosenaffinen Gutmenschtexterei das Grab schaufle.

Diese Meinung wollte er der Roten Res auch nach Heigls Ableben nicht vorenthalten:

(Anm.: Passagen und Begriffe, die für Jugendliche und sensible Menschen nicht geeignet sind, wurden im Sinne der freiwilligen Selbstkontrolle unkenntlich gemacht.)

Du verfaulter Kadaver einer Prostituierten,
deine xxxxxx können den xxxx nicht xxxxx.
Deinem Bobbycarkutscher, deinem xxxx xxxx,
hab ich den verxxxxx Schädel bombardiert,
pfundweise Rundeisen zwischen die Schläfen massiert.
Kettenkampfhundkugel aus Stahl, allererste Wahl.
Hat verxxxx, dein Alter, dein xxxxx xxxxxxxxxxx,
die xxxxlose Ratte, hatte ihn satt, hey,
schluss mit ewig Rabatt, ey.
Jetzt zu dir: xxxxxxxxxxxxxxxxxxxxxxxxxx.
Xxxxxx xxxxxxx xxxxxxx xxxxxxxxx xxxxxxxxxxxxx,
xxxxxxxxxx xxxxxxx xxxxxxxxx xxxxxxxxxxxx!

Auf diesen Brief hin besuchte die Rote Res Udo Bisch jeden Monat einmal, bis er nach 15 Jahren aus der Haft entlassen wurde.

Die Liebe hatte beide geläutert. Nachdem er für entsprechenden Bedarf gesorgt hatte, übernahm Udo die Stelle des Dorfpfarrers einer kleinen Gemeinde am Schwarzen Regen. Im warmen Schoß der Kirche fühlte er sich bestens aufgehoben, da diese bei Angestellten großzügig über Verfehlungen der Vergangenheit hinwegsah. Seine Gangsta-Rap-Qualitäten kamen ihm auch in seinem neuen Job zugute. Für den fulminanten Vortrag „Laie bleibt Laie, Schwester“ erhielt er den begehrten Osterpredigtpreis der Scharfrichterdiözese Passau.

Die Rote Res war Udo Bisch bis zu seinem friedvollen Tod als Pfarrersköchin zu Diensten.

ORTSCHAFTSLYRIK VON *A* BIS *Z*:

X, Y

Xindlau, Yacherting

Xindlau samt seiner spätbarocken
Klosterkirche Sankt Quirin
Wohlig schallt der Klang der Glocken
Übers Tal zum Arber hin.

Die Brüder Asam gilt's zu loben
Die nächst dem Gipfelkreuz weit oben
Weil sie zu Höheren berufen
Dieses Juwel der Baukunst schufen.

Die Madonna von Sankt Quirin
Stammt aus dem stillen Yacherting
Dem kleinen Herrgottsschnitzer-Weiler
Wo Schmiede, Fassbinder und Seiler
Althergebrachtes Handwerk pflegen
Demütig und mit Gottes Segen.

Inbegriff des Woids schlechthin
Sind Xindlau und Yacherting.

Z

Zerscht Zachenberg
Zandt
Zell
Zenting
Zenzing
Zifling
Zinzenzell
Zallerletzt Zwiesel

Glasmacher-Stüberl
Glashütte
Besichtigung

QUELLEN:

Mit fehlenden Quellenangaben verbaerbockte die grüne Kanzlerkandidatin 2021 ihre Chance, mächtigste Frau im Lande zu werden. Da auch der Schreiber dieser wissenschaftlichen Abhandlung in seiner dritten Lebensphase ein hohes politisches Amt anstrebt, um in der vierten von seinen fünfstelligen Ruhegeldzahlungen die Puppen tanzen lassen zu können, begeht er diesen Anfängerinnenfehler nicht.

Emil Kraepelin: Ueber Erinnerungsfälschungen. In: Archiv für Psychiatrie und Nervenkrankheiten, Band 17, Nr. 3. Berlin 1886, S. 830-843.

Elizabeth Loftus: Lost in the mall. Misrepresentations and misunderstandings. In: Ethics & Behavior, 1999, 9, S. 51-60.

https://www.spiegel.de/wissenschaft/mensch/falsche-erinnerungen-wie-unser-gedaechtnis-uns-truegt-a-1106007.html

https://www.franzdorfer.com/Noten/steirische/Mir%20san%20vom%20Woid%20dahoam-Steirisch.pdf

https://www.stmelf.bayern.de/wald/forstpolitik/wald-in-zahlen/005185/index.php

https://www.zobodat.at/pdf/DerBayerischeWald_9_2_0013-0014.pdf

https://www.sueddeutsche.de/bayern/bayerischer-wald-tourismus-daten-gaeste-1.5051938

https://books.google.de/books?id=Gku_q6u_KRcC&pg=PA35&lpg=PA35&dq=1526+fielen+den+Habsburgern+bayerische+wald&source=bl&ots=BoF2tOM1mk&sig=ACfU3U2mcrKin7CG-iv5XktVpumiRIHvSg&hl=de&sa=X&ved=2ahUKEwjsuID67fvzAhVGNOwKHfqnDJEQ6AF6BAgaEAM#v=onepage&q=1526%20fielen%20den%20Habsburgern%20bayerische%20wald&f=false

Der Mühlhiasl. Buch- und Kunstverlag Oberpfalz, 6. Auflage 2020.

https://www.deutschlandfunkkultur.de/john-lennon-und-yoko-ono-bed-in-fuer-die-liebe-und-den.932.de.html?dram:article_id=444495

https://www.hunderdorf.de/Der-Muehlhiasl.n26.html
https://libgen.ggfwzs.net/book/25217434/dcc0a1
https://www.zeitschrift-kulturaustausch.de/de/archiv?tx_amkulturaustausch_pi1%5Bauid%5D=1565&tx_amkulturaustausch_pi1%5Bview%5D=ARTICLE&cHash=52746384c79b51fc1c8d9a917de99d6f
https://kulturgranit.de/
https://www.drachselsried.de
https://www.naturpark-bayer-wald.de/siedlungsspuren-im-nortwald.html
https://www.bund-naturschutz.de/tiere-in-bayern/wolf
https://www.golbet.de/
https://www.canislupus.de/index.php?url0=htm/geschichte.htm&active=1&sp=3&vm=0&vvm=0
https://la.wikisource.org/wiki/Metamorphoses_(Ovidius)
https://nzzas.nzz.ch/hintergrund/dantes-reise-durch-himmel-und-hoelle-fuer-sie-zusammengefasst-ld.1645006?reduced=true
Canterbury Tales. Mit einer Einführung, Anmerkungen und einem Glossar von John Matthews Manly, London/Kalkutta/Sydney 1928.
https://www.bund-naturschutz.de/ueber-uns/erfolge-niederlagen/nationalpark-bayerischer-wald/geschichte-des-nationalparks
https://www.tagesspiegel.de/kultur/bruderzwist-biermoesl-blosn-stehen-vor-dem-aus/4544990.html
https://bad-koetzting.de/kultur/pfingsten-in-bad-koetzting/der-pfingstritt/
https://www.welt.de/kultur/history/article108596340/Wer-schuf-die-Zeichen-von-El-Castillo.html
https://www.bund-naturschutz.de/ueber-uns/erfolge-niederlagen/nationalpark-bayerischer-wald/borkenkaefer-im-nationalpark
https://www.jandelsbrunn.de/
https://www.ernstjandl.com/
https://www.lamer-rauhnacht.dehttps://www.karl-reitmeier.de/de/1176__karl_reitmeier.htmlhttps://rio.sportschau.de/rio2016/geschichte/Emil-Zatopek-Eine-Lokomotive-als-Zugpferd,zatopek110.html

https://www.mdr.de/heute-im-osten/projekte/crystal-muetter-auf-entzug-102.html

https://www.grimmstories.com/de/grimm_maerchen/rotkaeppchen

https://www.fressi-fressi.de/brehm/wolf_seite_1.htm

https://www.jawina.de/alfred-brehm-der-wolf/

http://www.kraftvolle-orte.de/mythen-braeuche-feiertage/losnaechte/

https://helmut-a-binser.de/

https://furth.de/

https://www.gotteszell.info/

https://www.bayerischer-wald.de/Urlaubsthemen/Kultur-Kulinarik/Sagen-Mythen/Der-Rachelsee

https://www.schloss-ramelsberg.de/historisches/schloss-ramelsberg/

https://www.zobodat.at/pdf/DerBayerischeWald_9_2_0008-0012.pdf

https://www.bayern-böhmen.de/gabreta/ob-kh-2.asp?lng=de

https://www.ulrichshof.com/de/bayerischer-wald/trenck-der-pandur/

https://de.wikipedia.org/wiki/Trenck_der_Pandur_vor_Waldm%C3%BCnchen

https://www.heimatforschung-regensburg.de/1215/1/993296_DTL1560.pdf

Die Eroberung von Cham: ein Schauspiel in 3 Aufzügen, von Franz J. Luckner, Straubing, 1842.

https://phototravellers.de/bayerischer-wald-wanderung-lusen/

https://www.sueddeutsche.de/bayern/traditionsreiches-getraenk-edles-aus-dem-bayerwald-1.5372818

https://www.taki183.net/

https://www.heimatforschung-regensburg.de/2893/1/64-Geologische%20Landesaufnahme.pdf

https://www.poesing.eu/

https://www.lieder-archiv.de/freude_schoener_goetterfunken-notenblatt_300600.html

https://www.geschichtsbausteine.uni-passau.de/fileadmin/dokumente/projekte/region/Dokumente/Workshopmaterialien/Goldener_Steig_Workshopmaterialien/Material_Gruppe_4_-_Alltag_und_Gefahren.pdf

https://www.vandenhoeck-ruprecht-verlage.com/media/pdf/2c/aa/06/LP_9783647360959.pdf

https://www.ihk-regensburg.de/blueprint/servlet/resource/blob/3308180/7e2718a3b06d680a9147a483cbb6db31/studie-wirtschaftsfaktor-tourismus-data.pdf
https://www.youtube.com/watch?v=X2FM3_h33Tg
https://www.begegnungsraum-geschichte.uni-passau.de
Paul Praxl: Der Goldene Steig, Grafenau 1976 (3. neubearb. Auflage 1993), S. 74.
http://www.innernzell.de/gemeinde/ortsportrait/
https://www.markt-lam.de/
https://bad-koetzting.de
https://www.untergriesbach.de/
https://www.br.de/radio/bayern2/sendungen/kalenderblatt/0503-eiserner-vorhang-churchill-100.html
https://www.faz.net/aktuell/gesellschaft/nicht-churchill-praegte-eiserner-vorhang-13436186.html
https://www.begegnungsraum-geschichte.uni-passau.de/unterrichtsmaterialien/eiserner-vorhang/sachinformationen/grenzuebergaenge/
https://taz.de/Bayerischer-Wald/!5579651/
https://www.hogn.de/2019/11/11/1-da-hogn-geht-um/nachrichten-in-freyung-grafenau/philippsreut-1989-und-ploetzlich-war-die-grenze-weg-mauerfall-eiserner-vorhang-josef-gruenzinger-bayern-tschechoslowakei/128573
https://deutsch.radio.cz/vor-20-jahren-dienstbier-und-genscher-zertrennen-den-eisernen-vorhang-8578005
https://regiowiki.pnp.de/wiki/R%C3%A4uber_Heigl
https://90erhiphop.de/2014/wer-hat-eigentlich-gangsta-rap-erfunden/
https://www.lisaederfilm.de/
https://www.br.de/kultur/der-wilde-wald-lisa-eder-100.html
https://www.ufz.de/export/data/462/191168_TEEB_DE_Fallbeispiel_Nationalpark_Bayrischer_Wald.pdf
https://www.literaturportal-bayern.de/themen?task=lpbtheme.default&id=599
Wo der wilde Räuber hauste, Süddeutsche Zeitung, Nr. 99, 30.4.2021, S. 70.

Alle Webseiten zuletzt aufgerufen am 09.09.2022.

DANK

für die angenehmen, kurzweiligen und informativen Gespräche an

Helmut A. Binser aka Martin Schönberger aus Runding. Brettlspieler und Solokabarettist.

Lisa Eder, Dokumentarfilmemacherin aus München. Geboren und aufgewachsen in Freyung.

Karl Reitmeier aus Lengau bei Waldmünchen. Zeitungsredakteur, Natur- und Tschechienfreund.

Hermann Wallisch aus Schönsee. Langjähriger Grenzpolizist am Eisernen Vorhang.